KB202783

십계명과 주기도로 사는 삶

십계명과 주기도로 사는 삶
: 기독교 신앙의 본질

2017년 12월 11일 인쇄
2017년 12월 18일 발행

지은이 | 정종훈
펴낸이 | 김영호
펴낸곳 | 도서출판 동연
등   록 | 제1-1383호(1992년 6월 12일)
주   소 | 서울시 마포구 월드컵로 163-3
전   화 | (02) 335-2630
팩   스 | (02) 335-2640
이메일 | yh4321@gmail.com

ISBN 978-89-6447-389-4 03200

십계명과
주기도로
사는 삶

기 독 교   신 앙 의   본 질

정종훈 지음

동연

머 리 말

교회의 전통에서 십계명과 주기도는 대단히 중요하다. 십계명은 이집트를 탈출한 이스라엘 백성들이 이집트와는 근본적으로 다른 삶을 살아가기 위한 마그나 카르타였고, 주기도는 예수 그리스도께서 제자들에게 직접 가르쳐 주신 삶의 기도였기 때문이다. 하나님을 신앙하는 이스라엘 공동체가 자신들의 삶을 판단하는 기준은 십계명이었고, 초대교회 이래로 모든 공적인 예배에서 암송되는 주기도는 예배자의 삶의 고백이었다. 만일 우리가 십계명을 외면하거나 공적인 예배에서 주기도를 고백하지 않는다면, 기독교 신앙의 가장 중요한 부분을 상실하는 셈이 될 것이다.

우리 한국교회에서 십계명은 기독교인들의 삶의 지평에서 사라져 버린 듯싶고, 주기도는 너무 즐겁게 암송하는 경향이 있다. 한국교회는 십계명을 율법으로 등식화하면서, 은혜 가운데 사는 우리에게 율법으로서의 십계명은 더 이상 효력을 상실했다고 보기 때문이다. 반면에 주기도는 주일예배는 물론이고, 크고 작은 교회의 각종 모임이 끝날 때, 마무리 기도를 할 만한 특별한 사람이 없을 때, 의례적으로 암송하는 기도문처럼 생각하기 때문이다. 그러나 십계명을 신앙의 지평에서 사라지게 하는 것은 우리 삶의 중요한 지침이자 방향을 잃게 하는 것이고, 주기도를 의례적인 용도로만 사용한다면, 우리는 예수 그리스도의 매우 중요한 가르침을 소홀히 하거나 무시하는 것이 될 것이다.

　하나님께서 민족의 지도자 모세에게 직접 주신 십계명은 이스라엘 민족뿐만 아니라 인류 전체에 주신 하나님의 선물이다. 동서고금을 막론하고 이보다 분명하고 포괄적이며 간결한 삶의 지침은 없기 때문이다. 예수 그리스도께서 가르치신 주기도는 그분의 모든 가르침 가운데 최고의 정수이다. 산상수훈(마 5-7장)의 한 가운데에 위치할 뿐만 아니라 그분의 가르침을 포괄하고 있기 때문이다(마 6: 9-13). 누군가가 필자에게 성경 전체에서 가장 중요한 부분이 어디냐고 질문한다면, 필자는 주저하지 않고 십계명과 주기도라고 대답할 것이다. 우리가 십계명과 주기도만 잘 이해해도 기독교 신앙의 본질에 가장 가까이 접근할 수 있을 것이기 때문이다.

우리 주변에는 십계명과 주기도, 그리고 사도신경까지 한 묶음으로 해서 출판한 책들이 적지 않다. 그러나 필자가 볼 때, 사도신경은 앞의 둘과는 성격이 다르기 때문에 함께 다루기에는 격이 맞지 않는다. 왜냐하면 십계명과 주기도는 삶의 구체적인 지침을 담고 있지만, 사도신경은 믿음의 대상만을 나열할 뿐 구체적인 삶 자체를 빠뜨리고 있기 때문이다. 오늘 한국교회는 새로 번역된 주기도를 공적으로 사용하고 있다. 새로 번역된 주기도는 서두의 호칭에 처음으로 나오는 '아버지' 이외에는 원문의 2인칭 소유격 '당신의'를 일관되게 '아버지의'로 번역함으로써 가부장적인 분위기를 물씬 풍기고 있는데, 그것은 아쉬운 일이다. 그러나 막연한 시점의 '오늘날'을 구체적인 시점 '오늘'로 번역한 것과, 이전 주기도에서 혼란을 줄 수 있었던 '대개'라는 말을 아예 생략한 것은 잘했다고 사료된다. '대개'의 우리말 의미는 '이는'이지만, 원문의 본래 의미는 '왜냐하면'이기 때문이다.

필자는 한국교회의 기독교인들이 십계명과 주기도의 깊은 의미를 알고 암송할 뿐만 아니라, 구체적인 삶으로 살아내기를 소망하면서 이 작은 소책자를 준비했다. 여기에 담겨진 내용들 가운데 제1부의 십계명은 현대종교 2013년 1월호에서 12월호까지 전체 11회에 걸쳐 연재했던 것이고, 제2부의 주기도는 현대종교 2010년 1월호에서 12월호까지 역시 전체 11회에 걸쳐 연재했던 내용이다. 그리고 십계명과 주기도 모두 원래는 연세대학교 교수님들을 대상으로 한 교수성서연구모임과 학생들을 대상으로 한 학생성서연구모임에서 다루었던 결과물에서 비롯된 것이다. 교수성서연구 모임에 없는 시간을 쪼개어 참석하셨던 교수님들과 학생성서연구 모임에 성실하게 참석했던 학생들 그리고 지난 2년 동안 연재의 기회를 주셨던 현대종교 관계자 여러분(탁지일 교수님, 탁지원 전도사님, 김정수 편집장님)에게 이 지면을 빌려서 진심으로 감사드린다. 또한 원고의 수정과 교정을 자기 일처럼 감당해준 친구들(홍정호 목사, 유지은 목사)에게 감사의 마음을 전한다. 끝으로 여전히 부족해 보이는 필자의 책을 멋진 책으로 꾸며준 도서출판 동연의 관계자 여러분에게 아무리 감사해도 부족할 것이다.

이제 이 소책자를 붙들고 읽게 될 모든 독자들에게 우리 주님 예수 그리스도의 은총과 인도하심이 함께함으로써 날마다 새로운 피조물로 살아가는 삶의 경험을 이어갈 수 있기를 소원한다.

2017년 10월
연세동산에서 정종훈

차 례

머리말 /5

제1부 십계명

1. 십계명은 구원의 조건이 아니라 은혜의 결과이다 _15
2. 우리는 하나님 앞에서 다른 신을 둘 수 없다 _23
3. 하나님을 우상 안에 가둘 수 없다 _30
4. 하나님의 이름을 함부로 부르거나 부끄럽게 못한다 _38
5. 안식일을 기억하여 거룩하게 지켜라 _46
6. 부모를 공경하라 _55
7. 살인하지 말라 _63
8. 간음하지 말라 _72
9. 도적질하지 말라 _81
10. 거짓증거하지 말라 _89
11. 탐내지 말라 _97

제2부 주기도

1. 기도로 사는 삶의 의미 _109

2. 하늘에 계신 우리 아버지여 _118

3. 하나님의 이름을 거룩하게 하소서 _126

4. 하나님의 나라가 오게 하소서 _135

5. 하늘에서 이룬 뜻을 땅에서 이루어 주소서 _144

6. 오늘 우리에게 일용할 양식을 주소서 _155

7. 우리의 죄를 사하여 주소서 _168

8. 우리를 시험에 빠지지 않게 하소서 _178

9. 우리를 악에서 구하소서 _190

10. 나라와 권세와 영광이 아버지의 것입니다 _200

11. 신앙의 아멘과 아멘의 삶 _210

에필로그 /219

참고문헌 /223

* 일러두기

본문에 사용된 성경구절은 새번역 성경(대한성서공회)입니다.

제1부
십 / 계 / 명

1. 십계명은 구원의 조건이 아니라 은혜의 결과이다

2. 우리는 하나님 앞에서 다른 신을 둘 수 없다

3. 하나님을 우상 안에 가둘 수 없다

4. 하나님의 이름을 함부로 부르거나 부끄럽게 못한다

5. 안식일을 기억하여 거룩하게 지켜라

6. 부모를 공경하라

7. 살인하지 말라

8. 간음하지 말라

9. 도적질하지 말라

10. 거짓증거하지 말라

11. 탐내지 말라

1. 십계명은 구원의 조건이 아니라 은혜의 결과이다

1) 십계명은 언제 기록되었는가?

십계명은 출애굽기(20:1-17)와 신명기(5:1-22)에 각각 유사한 내용으로 담겨 있다. 출애굽기의 십계명은 이집트로부터 탈출한 직후에, 신명기의 십계명은 가나안으로 들어가기 직전에 하나님께서 이스라엘 백성들에게 주신 것으로 기록되고 있다. 내용적으로 보면, 출애굽기의 십계명은 이집트 제국으로 대변되는 과거와의 결별에 초점이 있고, 신명기의 십계명은 새로 건설될 가나안이라는 미래의 비전에 초점이 있다. 출애굽 이후 이스라엘 백성은 가나안 땅을 젖과 꿀의 땅으로 고백하고 있는데, 그 이유는 가나안이 '비옥한 환경'이었기 때문이 아니라 하나님의 뜻에 기초해서 십계명으로 살게 될 땅이었기 때문이라고 사료된다. 구약학자들은 기원전 10세기경의 이스라엘은 비교적 평등한 사회였지만, 기원전 8세기경의 이스라엘은 빈부차이가 심하고 사회적 갈등이 컸다고 지적하면서, 십계명은 기원전 8세기경에 사회적 문제들을 해소하기 위해 기록되었다고 주장한다.[1] 그러나 십계명은 기록되던 당시의 이스라엘 사람들에게만 제한되지는 않으며, 모든 시대와 장소를 초월해서 인류 전체가 실행해야 하는 보편적인 규범이라 말할 수 있다. 오늘 우리 사회의 위기는 규범 없이 멋대로 사는 삶에서 비롯된다. 도덕과 윤리는 땅에 떨어지고, 옳고 그른 것에 대한 분별은 모호하고, 사람들의 양심은 무뎌져 있다. 그러므로 십계명은 그 어느 시대 그 어느 장소보다 우리 자신이 살고 있는 지금 우리 사회에서 보다 절실히 필요한 하나님의 규범이라고 말할 수 있다.

---

1 프랑크 크뤼제만, 자유의 보존, 이지영 역 (크리스천 헤럴드), 40.

2) 누가 십계명을 청취해야 할까?

십계명은 "나는 너희를 이집트 땅 종살이 하던 집에서 이끌어 낸 주 너희의 하나님이다"라는 말로 시작하고 있다. 이때 '너희'는 누구를 의미할까? 제의공동체로서의 이스라엘 민족 전체를 말하는 것인가, 아니면 이스라엘 민족 가운데 특정한 부류들을 말하는 것인가? 또한 십계명은 이스라엘 민족에게만 배타적으로 주어진 특별한 것인가, 아니면 인류 전체에게 주어진 보편적인 것인가? 우리가 십계명을 어린이나 여성, 노예나 가난한 사람들을 배려하라는 내용에 근거해서 보면, 기원전 8세기경 팔레스타인 지역에서 좁은 땅이라도 경작하며 살았던 자유로운 신분의 농민들, 법적으로나 종교적으로 자신의 권리를 주장할 수 있었던 성인 남성들, 그리고 사회적으로나 정치적으로 또 경제적으로 힘을 지녔던 사람들이 십계명을 우선적으로 청취해야 할 대상이었음을 알 수 있다. 물론 성서의 메시지는 성서가 기록되던 당시의 사람들뿐만 아니라 모든 시대 모든 사람들에게 동일한 의미를 준다는 점에서 오늘을 사는 우리들 역시 인종과 성별, 빈부와 지위 등에 상관없이 십계명을 청취하고 순종해야 할 주체들이다.
그러나 모든 사람이 청취하고 순종해야 하는 십계명의 보
편성을 지나치게 강조함으로써 자기 권리를 과도하게 행
사하는 부자나 권력자들이 최소한의 권리를 박탈당하고
힘겹게 사는 자들에 대해 우선적으로 배려해야하는 책임
을 약화시켜서는 안 될 것이다.

3) 규범으로서의 십계명은 어떤 의미가 있는가?

하나님께서 십계명을 주신 목적은 하나님의 백성을 제
어하려는 것이 아니라 구원의 삶에 대한 희망을 배양하려
는 것이다. 십계명은 하나님의 백성들이 지키며 살아가야
할 생활규범 가운데 으뜸이고 핵심이다. 이는 속박하기
위한 계명이 아니라 사랑의 동기에서 주어진 은혜의 계명
이다. 십계명은 강자들에게 약자들을 배려하라는 차원에
서 약자 우선의 대상성을 지니고 있고, 약자들이 들어야
하기보다는 강자들이 들어야한다는 차원에서 강자 우선
의 청취성을 강조하고 있다. 또한 십계명은 출애굽의 사
건을 통해서 하나님의 사랑을 넉넉히 경험한 이스라엘 백

성들과 구원의 삶을 누리는 하나님의 백성들이 감사하는 마음으로 수행해야 하는 행위의 내용을 담고 있다. 다시 말하면, 하나님에 의해 자유로워진 백성들이 자신들의 신분을 당당히 지켜갈 수 있도록 주어진 것이 바로 십계명이라는 것이다. 그래서 종교개혁자 '존 칼빈'은 십계명으로 요약되는 율법을 세 가지 용법으로 해명한 바가 있다. 첫째로, 율법은 하나님의 의를 밝히는 동시에 각 사람의 불의를 경고하고, 알리고, 책망하고, 고발함으로써 은총을 구하게 만든다(롬 7:7). 둘째로, 율법은 벌을 받으리라는 공포를 일으켜서 일부 사람들로 하여금 죄악을 억제하도록 한다(딤전 1:9-10). 셋째로, 율법은 하나님의 영이 이끄는 신자들이 그분의 뜻을 철저히 배워 확고히 실행하게 하는 가장 훌륭한 지침이고 도구이다(시 19:7-8, 시 119:105). 이처럼 십계명은 그 자체가 하나님의 은혜이지, 은혜와 양자택일할 수 있는 것이 아니다. 그런데도 십계명과 은혜를 분리하려는 시도가 있다면, 그것은 기독교인의 삶을 왜곡하는 것이다. 그러므로 우리는 십계명을 우리를 옭아매기 위한 계명이 아니라, 우리를 너무도 사랑하시어 하나님의 자녀답게 살도록 주신 은혜의 지침으로 여겨야 한다. 동시에 십계명은 구원받고자 하는 자가 구원을 받기 위해 미리 이행해야 하는 조건이 아니라, 구원받은 자가 구원받았기에 이행하는 삶의 기준이자 결과라고 이해해야 한다.

4) 십계명을 어떤 틀로 해석해야 할까?

십계명의 해석은 일반적으로 앞부분 1계명부터 4계명까지는 하나님을 경배하는 것과 관련된 의무들(수직적 차원, 또는 교리적 차원)로 보고, 뒷부분 5계명부터 10계명까지는 사람을 상대로 한 사랑의 의무들(수평적 차원, 또는 윤리적 차원)로 본다(출 32:15-16). 이때 하나님을 경배하는 것이 깨어지면 사랑의 의무도 깨어진다. 하나님을 전제하지 않는 사람이 이웃을 제대로 배려할 수 없기 때문이다. 하나님과 바른 관계에 있다는 것은 이웃과 바른 관계에 있음을 의미한다. 이웃에 대한 사랑의 의무를 면제해주는 하나님에 대한 경배는 없다. 하나님에 대한 진실한 관계만이 인간에 대한 진정한 사랑과 성공적인 사회적 윤리를 가능하게 한다.

혹자는 십계명을 해석할 때 "~하라"는 긍정명령과 "~하지 말라"는 부정명령을 구별하여 부정명령보다는 긍정명령이 보다 적극적인 명령이라고 해석한다. 그러나 십계명의 건전한 해석은 언어의 범위를 넘어선다. 십계명의 긍정명령과 부정명령은 언어의 표현 방식만 다를 뿐, 내용적으로는 하나이기 때문이다. 그런 점에서 '존 칼빈'의 해석은 타당하다. "하나님이 이것을 기뻐하신다면 반대되는 것은 싫어하실 것이며, 이것을 싫어하신다면 그 반대를 기뻐하실 것이며, 이것을 명령하시니 반대되는 것은 금지하실 것이며, 이것을 금지하시니 반대되는 것은 명령하신다고 추론해야 한다... 하나님께서는 우리가 형제의 생명을 소중히 여기기를 원하시기 때문에 형제에게 부당한 상해를 입히는 것을 금지하신다. 동시에 형제의 생명을 보존하는데 이바지하는 사랑의 의무들을 요구하신다."

연세대학교 명예교수이신 한태동 박사는 1계명에서 3계명을 하나님과의 관계(天)로, 5계명에서 7계명을 사람과의 관계(人)로, 8계명에서 10계명을 자연 사물과의 관계(地)로 해석하고, 4계명에 한해서만 하나님, 사람, 자연

사물의 세 관계를 종합한 천지인(天地人)의 계명으로 해석한다. 그러나 필자는 십계명의 계명 하나하나를 하나님과의 관계, 사람과의 관계, 자연과의 관계 속에서 동시적으로 해석해야 보다 바른 해석에 이를 수 있다고 확신한다. 성서는 어느 한 관계가 깨어지면 다른 관계들도 연속적으로 깨어짐을 증언하고 있기 때문이다.

2. 우리는 하나님 앞에서 다른 신을 둘 수 없다

세상에는 다양한 신론이 있다. 첫째는 다신교(poly-theism)이다. 그리스 로마 신화에는 많은 신들이 등장하는데, 태양신, 달신, 하늘신, 불신, 바람신, 미(美)의 신, 술의 신처럼 신들마다 그 역할이 각각 다르다고 보는 신론이다. 둘째는 단일신교 또는 택일신교(henotheism)이다. 대개의 민족들은 다른 민족의 신들을 부정하지는 않지만, 자신들만의 민족 신을 최고의 신으로 받들어 섬기는 데서 드러나는 신론이다. 셋째는 일신교(monotheism)이다. 일신교에서는 다른 신의 존재를 인정하지 않고, 오직 하나의 신만이 존재한다고 본다. 때문에 일신교는 하나의 신이외의 다른 신들은 모두 거짓 신이라고 간주한다. 대표적인 일신교의 종교가 바로 유대교와 기독교라고 말할 수 있다.

1) 하나님과의 관계

하나님께서는 우주만물을 창조하셨고, 청지기로 삼은 인간에게 우주만물을 다스리도록 위임하셨다. 하나님의 형상으로 지어진 인간은 오직 하나님만을 인정하고, 하나님에게만 영광을 돌려야 한다. 하나님에게 속한 고유권한을 다른 신의 이름으로 배분하거나, 다른 신에게 옮겨서는 안 된다. 하나님의 위대하심을 공유할 수 있는 다른 신은 결코 없다. 우리는 하나님에게만 머리 숙여 경배해야 한다. 하나님만이 전지전능하시고 무재부소하시고 영원하신 존재이다. 우리는 곤란한 일에 직면했을 때, 하나님에게만 우리를 위한 도움과 신실함을 간구해야 한다. 모든 선한 일을 관장하는 절대자는 오직 하나님뿐이시다. 우리는 하나님에게만 궁극적인 감사와 찬양을 돌려야 한다. 하나님 말고 절대적인 신앙과 충성을 요구할 수 있는 존재는 어디에도 없다. 그래서 하나님은 당신 아닌 다른 신을 따르거나 믿는 것을 금지하시고, 다른 신의 존재 그 자체를 부정하신다. 구약성경에 하나님께서 이스라엘 사람들의 혼혈결혼을 금지하신 이유 역시 유일신 신앙의 순수성을 지키기 위함이었다(신 7:4). 우리에게 생명을 주시고, 진정한 자유를 선물하신 하나님 앞에서 우리가 다른 신을 찾는다면, 그것은 하나님을 배반하고 무시하는 동시에 우리에게 주어진 참 자유를 포기하는 것이 된다. 우리가 신앙하는 하나님만이 천지를 창조하신 창조주이시자, 마지막 때 모든 사람을 심판하실 역사의 심판자이시며, 우리를 죄 가운데서 구원하시어 당신의 자녀로 삼아주신 유일한 분이시기 때문이다.

2) 사람과의 관계

모든 인간은 자신과 동일한 성정을 지닌 다른 인간을 하나님처럼 섬겨서는 안 된다. 장 자크 루소나 장 폴 사르트르 등의 철학자들은 많은 사람에게 존경을 받고 있지만, 하나님처럼 섬길 수 있는 사람들은 아니다. 과거 공산주의 국가에서는 스탈린이나 레닌, 또는 김일성 등 전체주의적인 독재자들을 특별한 존재로 취급했던 적이 있다. 그러나 그들 역시 인간의 모든 한계를 지닌 존재들이었다. 요즈음 한류가 전세계적으로 거세게 일면서 유명 연예인들이나 아이돌 그룹의 가수들이 신처럼 떠받들어지고 있다. 일본에서는 어느 연예인을 '욘사마'라고 호칭하는데, '사마'라는 말은 신(神)을 의미한다. 그러나 그 연예인 역시도 우리와 같은 사람이다. 가톨릭에서는 성인(聖人)을 숭배하고, 심지어 성인의 이름으로 기도까지 한다. 물론 성인들은 신앙적으로 본받을만한 점이 많은 사람들이지만, 어떤 성인도 예수 그리스도의 이름과 같은 위상을 지닐 수는 없다. 우리 주변에는 '신이란 인간이 자신의 불완전함을 대체하기 위해서 만든 존재'라고 인식하면서, 신을 믿느니 차라리 자신을 믿는 것이 낫다고 주장하는 사람들도 있다. 어찌 보면, 그들은 자신을 믿고 숭배하는 '나신교'(나를 믿는 종교)의 교도라고 말할 수 있다. 흔히 카리스마(신적인 선물, 능력)를 강조하는 교회에는 병을 고치는 은사, 방언하는 은사, 통역하는 은사, 예언하는 은사 등으로 교회에 덕을 끼치는 구성원들이 있다. 그런데 그런 은사를 지닌 사람들을 특별한 사람으로 취급한 나머지 하나님처럼 떠받들다가 이단의 집단으로 전락하는 경우가 종종 있다. 그러므로 우리는 카리스마란 어디까지나 하나님께서 주신 선물이고, 카리스마를 지닌 사람은 하나님의 교회를 위한 도구일 뿐임을 알아야 한다.

3) 자연과의 관계

우리나라든 세계든 고대역사를 보면, 원시종교들이
존재한다. 특정한 동식물을 신처럼 섬기는 토테미즘, 모
든 사물에 정령(精靈)이 있다고 믿는 애니미즘, 모든 자연
에 신이 깃들어 있다는 범신론 등이 그러하다. 그러나 원
시종교의 형태가 고대에만 존재했던 것은 아니다. 오늘날
에도 뉴에이지운동과 같은 형태로 진화해서 존재하고 있
다. 뉴에이지 운동은 개인이나 작은 집단으로 하여금 영
적 각성을 촉구하면서 범신론적이거나 다신론적인 경향
을 띠고 있기 때문이다. 지금 우리가 사는 세상은 자본주
의 세상이다. 자본, 특히 돈만 있으면 무엇이든지 할 수 있
다고 생각한다. 되는 일도 안 되게 할 수 있고, 안 되는 일
도 되게 할 수 있는 힘이 돈에 있다고 본다. 그래서 돈을
하나님처럼 떠받들고, 돈을 획득하기 위해서 하나님을 신
앙하는 경우조차 있다. 우리는 돈을 하나님의 위치에 두
는 것을 황금만능주의(mammonism)라고 지칭하는데, 예

수께서는 "하나님과 재물을 함께 섬길 수 없다"(마 6:24)
라고 명확하게 선포하셨다. 현대인들 중에는 과학지상주
의에 빠져있는 사람들이 있다. 그들은 과학이란 끊임없이
발전하며, 인간사의 모든 문제를 다 해결할 능력이 있다
고 확신한다. 사실 과학지상주의는 과학을 신의 자리로
격상시킨 경우라 말할 수 있다. 오늘 사도 바울이 살아있
다면, 아마도 과학지상주의자들에 대해서 다음과 같이 경
고할 것이다. "모든 것이 다 허용된다고 사람들은 말하지
만, 모든 것이 다 유익한 것은 아닙니다. 모든 것이 다 허
용된다고 사람들은 말하지만, 모든 것이 다 덕을 세우는
것은 아닙니다"(고전 10:23).

이처럼 십계명의 제1계명은 이집트 다신교의 옛 방식
으로 사는 것을 중단하고, 새롭게 일신교로 출발할 것을
요구하고 있다. 제1계명은 우리에게 하나님이 계시기 때
문에 무신론을 거부하게 한다. 여호와만이 참 하나님이시
기 때문에 다신숭배를 거부하게 한다. 마음과 목숨과 힘
과 뜻을 다해 여호와 하나님만을 진정으로 사랑하고 섬겨
야 하기 때문에 인간숭배와 황금만능주의를 거부하게 한

다. 또한 제1계명은 인간의 궁극적인 관심이 어디에 있어야 하는지를 우리에게 제시해준다. "어떤 사람들은 자신의 감동을 위해서, 자신의 만족과 성취감을 위해서 일한다. 그들은 오직 자신의 열망, 자신의 목표, 자신의 가치에만 관심이 있다. 그들은 자신에게 충성을 돌리고 있는 것이다. 결국 그들은 스스로 자기만의 하나님이 되어가고 있는 것이다." 그러므로 우리가 유일하신 참 하나님 한 분만을 인정할 때, 우리는 참된 인간으로 남아 있을 수 있고, 자연은 하나님의 피조물로서 하나님을 찬양할 수 있게 된다.

3. 하나님을 우상 안에 가둘 수 없다

세상에서 하나님을 볼 수 있는 사람은 없다. 하나님은 인간의 감각으로 확인할 수 있는 물적 대상이 아니기 때문이다. 모세는 하나님의 부르심을 받아 이스라엘 민족을 이집트의 억압에서 해방시킨 하나님의 사람이었다. 하나님께서는 모세의 이름을 불러 주실 만큼 그를 친밀히 여기시어 그에게 큰 은총을 베푸셨다. 어느 날 하나님의 사역을 감당하던 모세가 하나님께 영광을 직접 보여주실 것을 요청했다. 그때 하나님께서는 이렇게 응답하셨다. "네가 내 얼굴을 보지 못하리니 나를 보고 살 자가 없음이라."(출 33:20) 우리는 직접 대면할 수 없는 하나님을 좋은 의도에서 형상이나 이미지로 상징화하여 친밀한 신앙관계를 형성하기를 원한다. 우리는 하나님의 형상이나 이미지를 바라보면서 그것이 상징하는 하나님을 보다 밀도 있게 생각하기를 원한다. 그러나 우리의 좋은 의도의 노력에도 불구하고 시간이 경과하게 되면 하나님을 상징하던 형상이나 이미지가 하나님 자체로 이해되거나 대체되는 경우가 많다. 그림자가 사물 자체로 전도되는 격이라고 말할 수 있다. 때문에 성경은 하나님의 형상이나 이미지를 상징적으로 표현하려는 우상과 함께 우상숭배를 금하고 있는 것이다.

1) 하나님과의 관계

하나님은 시공간의 사물에 종속되지 않는다. 세상을 창조하신 하나님은 세상의 피조물을 초월하시는 창조주로서 물질적인 형태 안에 갇힐 수 없고, 유한한 형상이 무한하신 하나님을 대신할 수도 없다. 우리가 섬기는 하나님의 실재는 우리가 보거나 상상할 수 있는 모든 형상과 관념을 초월한다. 하나님은 교리적인 진술보다 크신 분이다. 하나님은 우리의 교리로 그분의 실재를 다 설명할 수 있는 그런 분이 아니다. 어떤 형상이나 교리적 진술이 그분의 완전성, 초월성, 신비성, 불가해성, 탁월성, 거룩하심, 자애로우심, 선하심, 영광스러움 등을 정확히 드러낼 수가 없다. 때문에 하나님을 형상화하려는 시도는 학자들이 인류의 역사를 한 문장으로 설명하려는 것과 같고, 조각가들이 한 알의 모래로 러쉬모어 산의 조각상을 만들려는 것과 같으며, 어린아이가 작은 호루라기로 베토벤의 장엄하고 아름다운 교향곡을 연주하려는 것과 같다.

우리가 하나님을 우상으로 표현하려는 순간 하나님은 곧바로 왜곡된다. 무한하신 존재가 유한한 틀 안에 갇히는 것이 되고, 우상의 표상(表象)에서 벗어날 수 없는 존재로 되며, 인간의 필요나 이해관계에 의해 조종되기 시작한다. 결국 우리가 볼 수 없는 하나님의 존재를 보고 있다는 착각 때문에 하나님은 오히려 불명료해지고, 신앙으로 인지되는 하나님의 실체는 사라지고 만다. 한편 기독교는 예수 그리스도를 우리를 위해서 십자가에 달리신 하나님으로 고백한다. 우리는 십자가로써 예수 그리스도의 대속의 희생을 상징화하고, 우리가 삶의 자리에서 이웃을 위해 어떻게 살아야 할지를 되새긴다. 그러나 십자가는 예수 그리스도의 삶의 상징을 담고 있을 뿐 신적인 능력을 지닌 도구 자체는 아니다. 사실이 그러한데도 어떤 사람들은 어리석게도 십자가에 못 박힌 예수상이나 십자가 자체를 미신적으로 숭배하면서 자기를 보호해주거나 능력을 발휘하는 성물(聖物)이라고 생각한다. 그러므로 우리는 마틴 부버의 용어대로 하나님을 사물에 대한 소유관계(I-it의 관계)로 격하시키기보다 '영원한 당신'이라는 인격적인 관계(I-You의 관계)로 설정하고 유지하는 지혜를 발휘해야 한다.

2) 사람과의 관계

하나님께서는 "우리의 형상을 따라 우리의 모양대로 사람을 만들자"(창 1:1:26)라고 계획하시며, 인간을 당신의 형상으로 창조하셨다. 이는 인간이 하나님과 동격임을 의미하기보다는 하나님께서 인간을 당신과 대면할 수 있는 존재이자, 당신의 청지기로서 다른 피조물들에 대해서 권위를 행사할 수 있는 존재로 인정하셨다는 선언이다. 우리는 하나님께서 당신의 피조물 중의 하나인 인간에게 당신의 형상을 부여하신 것을 '피조물과 질적으로 다른 창조주 하나님의 겸손이자 낮아지심의 사건'이라고 볼 수 있다. 뿐만 아니라 우리는 하나님의 형상에서 모든 인간은 자기 자신을 하나님처럼 존귀한 존재로 자각해야 하고, 다른 인간을 하나님처럼 존귀한 존재로 인정해야 함을 유추할 수 있다. 여기서 우리는 기독교의 인권사상이 인간을 하나님의 형상으로 이해하는데서 출발함을 보게 된다. 세상의 어떤 인간이라도 하나님의 형상이라는 이유 하나 때문에 인간으로 누릴 수 있는 모든 권리를 보장받을 수 있기 때문이다. 그러나 하나님의 형상이 특정한 누군가에게 독점되어서는 안 된다. 하나님의 형상이 모든 인간에게 공유되지 않고 누군가에게 독점되는 순간, 나머지 모든 사람들은 그 독점하는 사람을 특별한 존재로 인정해야 하고, 자신들이 특별하지 않은 존재로 취급되는 상황을 수용해야 하기 때문이다. 역사는 하나님의 형상을 독점하는 소수의 사람들에 의해 대다수의 사람들이 인간성을 파괴당하고, 인간다운 대접을 받지 못했던 과거를 보여주며, 이를 되풀이하지 말 것을 교훈하고 있다. 그러므로 인간이 임의로 당신의 형상을 만드는 것을 금지하신 하나님께서 인간을 당신의 형상으로 인정하신 것은 하나님의 은총이자 선물이라 말할 수 있다. 인간이 하나님의 형상이 아닌 민족의 형상으로 되는 순간 히틀러의 경우처럼 민족 간에 전쟁을 일으키고, 인종의 형상이 되는 순간 인종차별주의자들의 경우처럼 인종 간에 갈등을 조장하고, 주체 인간의 형상이 되는 순간 북한의 김일성, 김정일, 김정은의 경우처럼 대다수 주민들이 자유를 상실한 비주체적인 존재가 되어 절대권력의 독재자에게 종속되기 때문이다.

3) 자연과의 관계

자연은 어디까지나 자연이지, 그 이상도 그 이하도 아니다. 자연은 스스로 자연이 된 것이 아니라 하나님에 의해 자연으로 창조된 것이다. 자연을 창조하신 창조주 하나님과 창조주 하나님에 의해 만들어진 피조물 자연 사이에는 질적으로 넘을 수 없는 차이가 있다. 우리는 자연에서 창조주 하나님의 손길을 발견할 수는 있지만, 자연을 하나님으로 볼 수는 없다. 이집트를 탈출한 이스라엘 백성들은 척박한 광야에서 자신들을 이끄신 하나님을 가시화하려는 열망 가운데 금송아지 신상을 만들었다. 처음에는 금송아지 신상으로 하나님을 기억하고, 하나님과의 관계를 제대로 유지하겠다는 순수함이 작용했을 것이다. 그러나 오래지 않아 금송아지 신상이 하나님처럼 숭배되었고, 나중에는 금송아지 신상 자체가 하나님으로 숭배되었다. 이스라엘 백성들의 이러한 오류는 가나안 정착 이후 왕국시대에도 그대로 이어졌다. 그래서 이사야 예언자는 우상숭배의 어리석음을 다음과 같이 조롱했다. "땔감밖에 되지 않는 것들, 베어다가 몸이나 녹이고 빵이나 굽는 데 쓸 것들, 그런 나무로 신이랍시고 만들어 예배를 드리는 구나. 신상이랍시고 만들어놓고 그 앞에 엎드려 큰절을 하는구나. 반 토막으로는 불을 피우고 그 불에 고기를 구워 배불리 먹으면서 흥얼거린다. '아, 뜨뜻하게 불까지 쬐니 좋기도 하구나!' 이렇게 불을 쬐면서 남은 토막을 가지고 신이랍시고 만들지들 않느냐? 신상이랍시고 만들어놓고 그 앞에 엎드려 큰절을 하며 예배하고, '당신이 나의 신이다. 나를 구해 주십시오' 하고 기도까지 하는구나. 이렇게 모두들 지각이 없고 철이 없는 것들, 눈은 닫혀 아무것도 보지 못하고 마음은 어두워 아무것도 깨닫지 못하는 것들"(사 44:15-18 공동번역 개정판). 그러므로 우리는 하나님을 이 세계의 어떤 피조물과도 동일시할 수 없고, 그 무엇으로도 하나님 자신을 대체할 수 없음을 잊지 말아야한다.

4. 하나님의 이름을 함부로 부르거나 부끄럽게 못한다

이름이라는 것은 그 이름으로 지칭되는 존재를 대신한다. 이름이 존재 자체는 아니지만, 그 존재와 관계하기 위해서 이름은 언제나 필요하다. 아직 이름이 없는 존재는 관계가 설정되지 않은 그것(it)이지만, 이름으로 불리는 순간 관계(You)가 시작된다. 이러한 사실을 시인 김춘수는 다음과 같은 멋진 시로 표현한 바가 있다. "내가 그의 이름을 불러 주기 전에는 그는 다만 하나의 몸짓에 지나지 않았다. 내가 그의 이름을 불러주었을 때 그는 나에게로 와서 꽃이 되었다." 그래서 우리는 사람을 처음 만나 서로 호감을 갖거나 관계를 형성하기 원할 때에 서로의 이름을 교환한다. 자신의 이름을 알리는 것은 상대방에게 자신을 개방하는 행위이고, 상대방의 이름을 기억하는 것은 상대방에 대한 책임의 관계를 지속하려는 의지이다. 하나님께 서는 아담에게 들의 모든 짐승과 공중의 모든 새를 이끌어 서 그로 하여금 이름을 지을 권리를 부여하셨다(창 2:19-20). 이것은 아담에게 청지기로서 자연에 대한 지배권과 함께 공존을 위한 책임을 부과하신 것이라 할 수 있다.

1) 하나님과의 관계

하나님의 이름은 사람에게 숨겨진 이름이었다. 모세 는 하나님을 만났지만, 그의 이름을 알지 못했다. 하나님 께서 "나는 스스로 있는 자"라는 당신의 이름 '여호와'(또 는 야웨)를 알려주셨을 때 비로소 모세는 하나님과 관계를 시작할 수 있었고, 하나님 앞에서 이스라엘 민족의 지도 자로서 자신의 책임을 감당할 수 있었다. 이 세상의 모든 이름은 아담 이래로 사람에 의해 지어진 것이지만, 오직 하나님의 이름만은 하나님 자신에 의해서 알려진 이름이 다. 이것이 무엇을 의미하는가? 하나님은 인간에 의해 규 정되는 분이 아니라는 것이다. 성경에는 하나님의 이름으 로 '거룩하신 하나님'(여호와 므카데쉬), '평화의 하나님'(여

호와 샬롬), '하나님은 우리의 의'(여호와 치드케누), '치료의
하나님'(여호와 로페), '우리와 함께 하시는 하나님'(임마누
엘) 등 수식어가 붙은 하나님의 이름이 많이 등장한다. 그
러나 우리는 인간의 개별적인 경험 속에서 고백된 하나님
의 어느 한 가지 이름이 하나님의 전체를 대변하거나 규정
할 수 없음을 알아야 한다.

하나님께서 당신의 이름을 사람에게 드러내신 것은 우
선은 사람에 대한 하나님의 사랑과 책임의 관계를 드러내
신 것이고, 다음으로는 사람이 하나님 앞에서 사랑과 책
임의 관계를 지켜낼 것을 기대하신 것이다. 그러므로 하
나님에 대해 마음으로 생각하고 입으로 그 이름을 부르는
사람은 그의 탁월하심을 나타내고, 그의 위대성을 찬양하
고, 그의 거룩한 이름의 숭고함에 부합하며 그의 기대치
인 사랑과 책임을 수행하는 데 이바지해야 한다. 자신의
탐욕이나 이해관계를 얻어내기 위해 하나님의 이름을 함
부로 불러서는 안 된다. 자신의 거짓을 감추기 위해 하나
님의 이름으로 거짓 맹세를 해서도 안 된다. 다른 사람에
대한 책임을 회피하기 위해 하나님의 이름으로 저주를 해

서도, 자신의 욕망과 이해관계를 위해 자신의 뜻을 하나님의 뜻이라고 왜곡해서도 안 된다. 예수께서는 '주여 주여 부르짖는 자'가 하늘나라에 들어가는 것이 아니라 '하나님의 뜻을 행하는 사람'이라야 들어갈 수 있다고 말씀하셨다(마 7:21). 이제 우리는 하나님의 이름을 사람의 뜻을 관철시키기 위한 도구로 삼을 것이 아니라, 하나님의 뜻에 사람이 순종해야 하는 관계에 있음을 지시하는 이름으로 인정해야 한다.

2) 사람과의 관계

우리 주변을 돌아보거나 역사의 흔적을 살펴보면, 하나님의 이름을 빙자하는 사람들이 적지 않았다. 스스로 천자(天子)를 지칭하던 동양의 권력자들과 스스로 하나님의 아들(神子)을 자처하던 서양의 권력자들은 일반 백성들 위에 군림하며 절대 권력을 행사했다. 그들은 일반 백성들과 질적으로 다른 존재로서 자신을 각인시키기 위해서 자신이 하나님과 직접적인 관계에 있음을 강조했다. 그러나 그들에게 하나님의 이름은 모든 백성을 억압하고 수탈하는 도구였지, 백성을 사랑으로 책임지려는 자기한 계의 설정이 아니었다. 중세 때 하나님의 이름으로 자행된 십자군 전쟁은 수많은 사람들을 살상했고, 타민족 고유의 문화와 삶의 조건을 황폐화시킨 범죄 그 자체였다. 하나님의 이름으로 자행된 마녀사냥 역시 자신의 신앙이나 주장과는 다른 사람들을 제거하는 기회로 이용되었을 뿐이다. 지금도 적지 않은 사람들이 하나님의 이름을 오용해서 죄악을 자행하며 이를 정당화시키고 있다. 국가적인 이해관계에서 비롯된 사악한 전쟁을 하나님께서 원하시는 '거룩한 전쟁'으로 명명하며 총체적인 범죄로서의 전쟁을 미화하기도 한다. 군사쿠데타로 권력을 장악한 군사정권의 독재자를 하나님께서 보내주신 민족의 지도자라고 명명하며 근원적인 불의를 정당화하기도 한다. 이러한 경우들이 하나님의 이름을 오용한 사례들이다.

어떤 사람은 세상의 구조적인 악이나 자연현상으로 인한 피해 상황에 직면할 때, 정의롭고 선하신 하나님께서 어찌 그러한 악이나 상황을 허용하시고, 방관하시는가를 질문한다. 그러나 세상의 악은 자유의지를 잘못 사용한 사람들이 만들어낸 작품이고, 자연스럽지 못한 자연의 이상 현상은 어디까지나 자연을 제대로 관리하지 못한 사람들의 잘못에서 비롯된 것이다. 그러므로 하나님을 비난하거나 그분을 악평하는 것은 하나님의 뜻을 저버린 사람들이 스스로 범한 죄악의 책임을 하나님께 전가시키는 위선에 지나지 않음을 알아야 한다. 때때로 우리는 기독교인들 가운데 더러운 정치인들, 정직하지 못한 기업인들, 자기밖에 모르는 전문가들, 돈을 최고로 알고 돈 되는 일이라면 무엇이라도 하는 부자들, 또는 삶의 행위로 하나님을 욕되게 하거나 부끄럽게 하며 살아가는 사람들을 목격한다. 우리는 이들이야말로 스스로도 하늘나라에 들어가지 않고, 다른 사람들도 하늘나라에 들어가지 못하도록 가로막는 자들임을 인식해야 한다. 이들은 하나님의 이름을 심히 부끄럽게 하는 자들인 것이다.

3) 자연과의 관계

사람은 하나님의 이름으로 자연을 파괴할 수 없다. 하나님께서는 당신이 만드신 모든 피조물에 대해서 '보시기에 좋았더라'고 선포하심으로써 모든 자연의 존재 의미를 보증하셨다. 그런 하나님께서 당신의 형상으로 지어져 그 권위를 대행하도록 하신 사람에게 자연을 파괴할 권리까지 주신 것으로 이해하는 것은 있을 수 없는 자기모순이다. 오히려 하나님께서는 당신의 마음에 흡족한 자연을 보전하시기 위해서 사람을 당신의 형상으로 지으시고, 그 사람에게 잘 관리하도록 청지기의 사명을 부과하셨다. "생육하고 번성하여 땅에 충만하여라. 땅을 정복하여라. 바다의 고기와 공중의 새와 땅 위에서 살아 움직이는 모든 생물을 다스려라"(창 1:28). 이 말씀은 사람이 땅으로 대변되는 자연에 대해서 폭군과 같은 존재가 되어 마음대로 짓밟아도 좋다는 말씀이 아니라 자연을 책임 있게 관리해서 더불어 공존할 것을 명령하신 말씀이라고 말할 수 있다.

하나님은 당신의 형상으로 지으신 사람과는 질적으로 다르실 뿐만 아니라, 사람의 다스림을 제대로 받지 않으면 온전히 존재할 수 없는 자연과도 질적인 차이가 크신 분이다. 사실이 그러한데도 사람이 창조주 하나님을 피조물 자연과 동일시한다든지, 피조물 자연 속에다 하나님을 가두려 한다든지 하는 것은 사람이 하나님의 이름을 부끄럽게 하는 것이다. 또한 하나님에 의해서 태초부터 이미 존재 의미를 보증 받은 자연에 대해 사람이 그 존재를 부정하거나 고통을 가하는 것 역시 창조주 하나님의 이름을 부끄럽게 하는 것이다. 그러므로 사람이 행하는 모든 일은 하나님의 이름을 영광스럽게 하는 일이어야지, 하나님의 이름을 부끄럽게 하는 일이어서는 안 된다. 하나님의 이름으로는 사람에 대해서든 자연에 대해서든 어떤 부정도 어떤 불의도 허용해서는 안 된다. 인간의 이름을 도용하거나 오용하는 것조차 사회적으로는 범죄 행위인데, 하물며 우주만물을 창조하신 하나님의 이름이랴!

5. 안식일을 기억하여 거룩하게 지켜라

어린 시절에 필자는 주일이 되면 교회에서 예배드리고, 교회 친구들과 교회 울타리 안팎에서 노는 것 말고는 아무 것도 하지 않았다. 행여나 월요일부터 시험이 있다고 하더라도 가능하면 토요일까지 시험 준비를 끝내고 주일에는 '공부'라는 일을 멈추어야 했다. 때때로 시험 준비가 부족해서 주일에 공부라도 하려고 하면 하나님 앞에서 못할 짓을 한다는 죄책감이 들기도 했다. 더욱이 주일에 돈을 주고 무언가를 구입하는 행위는 부모님에 의해서 엄격히 금지되었다. 그러므로 필자의 어린 시절에 안식일 계명은 하고 싶은 행위를 제한하는 불편한 계명으로 기억되고 있다. 유대인들에게 안식일은 전쟁 중에도 지켜야하는 계명이었기 때문에 역사를 보면 이를 눈치 챈 유대인의 적들이 안식일에 공격하여 승리를 움켜졌고, 유대인들은 몰살당하는 경우조차 종종 있었다. 이처럼 유대인들에게 안식일이란 일을 하면 안 되는 소극적인 날로 오해되었다. 그러나 예수께서는 "안식일이 사람을 위해 생긴 것이지, 사람이 안식일을 위해 생긴 것이 아니다"(막 2:27)라고 말씀하시면서 안식일의 본래적이고 적극적인 의미를 회복하셨다. 이제 우리는 안식일 계명의 본래 의미가 무엇이었는지를 찾아보려고 한다.

1) 하나님과의 관계

출애굽기에 기록된 안식일 계명은 안식일의 이유를 하나님의 천지창조에서 찾고 있다. 하나님께서 6일간 천지창조를 하시고 제7일에 안식하셨으니, 사람들도 6일간은 열심히 일해야 하지만 안식일에는 일로부터 자유해야 한다는 것이다. 아마도 우리는 안식하는 하나님을 통해 이 세상의 모든 것은 하나님으로부터 비롯되었다는 사실을 기억해야 하고, 인간의 존재 역시도 하나님께 영광을 돌리는 데 있음을 인식해야 할 것이다. 안식일은 인간이 하나님과 어떤 관계에 있는지를 확인하는 날이다. 인간은 하나님에 의해 창조된 피조물로서 어떤 경우에도 하나님일 수 없다는 확인이 다. 인간은 창조주 하나님과 관계를 설정하고 살 때만이 진정한 행복을 누릴 수 있고, 삶의 의미를 얻을 수 있다는 확인이다. 더욱이 자기 삶 가운데 개입하신 하나님의 은혜와 인도하심이 없었더라면 오늘의 자신은 존재할 수 없었다는 확인이다. 어떤 사람들은 모든 날이 하나님과 관계하는 날이기 때문에 굳이 안식일만을 특별한 날로 삼을 것이 무어냐고 항변한다. 그들은 안식일 계명의 존재가 안식일만 하나님과 관계하고 나머지 다른 날들을 하나님과 무관하게 살도록 조장할 수 있다고 말한다. 그러나 안식일 계명은 인간의 나약함을 배려한 계명으로 사료된다. 우리가 모든 날을 하나님과의 관계 가운데 꾸리며 살아야 한다는 것은 이론적으로 옳지만, 안식일과 나머지 날들 사이에 차별성이 없기 때문에 우리는 매일 매일을 무미건조하게 살 수밖에 없다. 나약한 인간에게 모든 날을 꼭 같이 지켜야 한다는 것은 '어느 날도 지키지 않아도 됨'을 의미할 수가 있기 때문이다.

우리는 안식일이 있어서 지난 6일 동안 하나님 앞에서

얼마나 제대로 살았는지를 스스로 점검할 수 있다. 그리고 안식일에 다음 6일을 하나님 앞에서 어떻게 살아야 할지를 작정할 수가 있다. 이처럼 안식일은 하나님 앞에서 우리의 지난 삶을 돌아보고, 내일의 삶을 작정하도록 하는 의미심장한 날이다. 십일조라는 제도를 보면, 모든 것이 하나님께로부터 비롯되었기에 감사함으로 십분의 일을 하나님께 드리는 것이지만, 나머지 십분의 구도 하나님의 것으로서 하나님께 드리는 마음으로 하나님의 뜻에 따라 사용하겠다는 의미를 담고 있다. 이와 마찬 가지로 안식일 제도는 시간의 칠일조라고 말할 수 있다. 모든 날이 하나님의 날이고 하나님의 시간이 틀림없지만, 안식일 칠분의 일의 시간을 하나님께 드리는 것은 나머지 칠분의 육의 시간도 하나님의 것으로 하나님께 드리는 마음으로 하나님의 뜻에 따라 살겠다는 의지의 표현이기 때문이다. 그러므로 우리는 삶 전체를 하나님께 온몸으로 드리는 산 제물로서의 예배를 드려야 하지만, 하나님께 드리는 구별된 예배만이 삶 전체의 예배를 가능하게 함을 잊지 말아야 한다. 한편 피조물인 인간이 모든 일을 다 할 수는 없다. 우리는 자신이 할 수 없는 일을 하나님께서 하실 수 있도록 스스로 일을 멈추고 오직 하나님께 의뢰함으로써 진정한 신앙 관계를 맺을 수 있다는 것을 기억해야 한다. "하나님이 우리 안에서 일하시도록 우리는 전적으로 쉬어야 하며, 우리의 의지를 바쳐야 하며, 우리의 마음을 맡겨야 하며, 우리의 모든 육적 욕망을 버려야 한다."

2) 사람과의 관계

출애굽기와 달리 신명기에 기록된 십계명은 안식일의 이유를 종살이 하던 이집트 생활에서 찾고 있다. 종살이 하던 유대인들은 일로부터 자유로울 수가 없었다. 그들에게 일이란 고역이었다. 이집트인 주인들은 일감을 주지도 않고서 결과물을 요구하기까지 했다. 유대인 종들은 아무리 많은 일을 하더라도 자신들이 일한 결과물을 스스로 누리지 못했다. 일의 결과물은 오히려 아무 일도 하지 않은 주인들의 몫이었다. 이집트인 주인들은 유대인 종들을 부리면서 살았기에 애당초 일에 대한 부담 자체가 없었다. 그들은 놀고 싶으면 놀고, 자고 싶으면 자고, 나들이 하고 싶으면 나들이를 했다. 그러나 종들은 아무리 일해도 주인들과 같은 행동을 언감생심 상상하는 것조차 불가능했다. 이처럼 억울한 일이 어디 있단 말인가? 우리는 안식일 계명이 사회적인 약자들, 주인들에게 예속된 종들과 삶의 뿌리를 잃고 유리방황하는 나그네들을 배려하는 약자보호법이었음을 알 수가 있다. 종들과 나그네들이 안식일 계명을 어설프게 주장했다가는 악한 주인들에 의해서 생명 자체를 위협받았을 것이다. 그러나 주인들이 이 법을 지키기만 하면, 종들과 나그네들은 이 법의 혜택을 누릴 수가 있었기 때문이다.

이처럼 안식일 계명은 고대사회에서 이스라엘이 최초로 시행한 신학적 인도주의의 산물로서 신앙에 기초한 가장 자비로운 사회법이었다. 구약시대의 안식일 계명은 오늘 무한경쟁을 요구하는 '피로사회'에서 '바쁘다'를 연발하며 살고 있는 현대인들에게도 여전히 유효한 계명으로 보인다. 우리 주변을 보라. 비정규직 노동자는 말할 것도 없고, 정규직 노동자들조차도 출퇴근과 휴일을 보장받지 못하고 있다. 취업 자체가 어려운 상황이니 지나친 노동을 요구해도 항변할 수 있는 노동자가 별로 없다. 그나마

대기업에는 노조가 있어서 자본가나 CEO의 강한 요구를 견제할 수가 있지만, 노조가 열악하거나 아예 노조가 없는 중소기업에서는 아무 대응도 할 수가 없다. 그저 자본가나 CEO의 처분만 기다려야 할 뿐이다. 이제라도 우리는 안식일 계명을 기억하면서, 사회적인 약자들에게 휴식을 보장해야 하고, 우리보다 불우하고 가난하고 외로운 사람들을 배려해야 하고, 물질만능주의의 일중독으로부터 휴식과 일을 적절하게 조화시키는 지혜를 발휘해야 한다.

3) 자연과의 관계

출애굽기의 십계명은 간단하게 집짐승들이 쉬어야 함을 언급하고 있고, 신명기의 십계명은 소나 나귀나 그 밖의 모든 집짐승들도 쉬어야 함을 언급하고 있다. 출애굽기도, 신명기도 땅의 쉼에 대해서는 구체적으로 언급하고 있지는 않지만, 내용적으로는 땅의 쉼을 함축한다고 말할 수 있다. 남종과 여종, 나그네가 쉰다면 가축은 언급하지 않아도 쉴 수가 있고, 가축이 쉬면 땅은 당연히 쉴 수 있기 때문이다. 출애굽기와 신명의 십계명 모두 '집짐승들'을 언급한 것은 하나님께서 친히 창조하신 피조물들에 대한 배려이자 창조질서의 보존에 대한 하나님의 관심이라고 말할 수 있다. 자연은 자기 스스로를 정화할 수 있는 자정의 능력을 갖고 창조되었다. 인간이 특별히 관리하지 않아도 자연은 자기 질서를 유지할 수가 있다. 그럼에도 불구하고 하나님께서는 인간에게 당신의 피조물들을 잘 다스리라고 명령하신 것은 하나님의 관심이 그만큼 크셨음을 의미한다. 그런데 문제는 자연을 제대로 다스리기는커녕 자연이 지닌 자정력의 한계선마저 마구잡이로 파괴하는 인간에게 있다. 자연은 하나님의 청지기직을 수행하지 못하는 인간으로 인해서 이제까지 신음하며 해산의 고통을 겪고 있는 것이다(롬 8:22). 오죽하면 자연은 하나님의 뜻을 제대로 이행할 하나님의 자녀들이 나타나기를 간절히 기다리고 있을까?(롬 8:18)

이제라도 우리는 안식일 계명을 통해 자연을 '자연스럽게' 둘 때 자연이 쉴 수 있다는 사실, 쉼을 통해 자기 질서와 자정력을 유지하는 자연만이 인간의 풍성한 삶을 가능하게 한다는 사실, 안식일이 지켜지지 않으면 인간과 자연은 서로 공존할 수 없다는 사실, 나아가 자연에 대한 인간의 폭력과 인간에 대한 자연의 탄식은 인간과 자연의 상호공멸을 초래한다는 사실을 기억해야 할 것이다. 오늘 대부분의 사람들은 떡을 구하기 위해서 열심히 일을 한다. 그러나 안식일에는 떡을 위한 모든 일을 중지해야 한다. 안식일은 사람이 떡으로 사는 존재가 아니라 하나님의 진리의 말씀으로 사는 존재임을 깨우쳐주는 날이다. 우리는 안식일을 율법주의적으로 이해해서는 안 된다. 안식일은 하나님과 사람과 자연, 모두를 위한 생명의 축제이기 때문이다. 그러므로 우리는 예수께서 안식일 제도를 폐지하신 것이 아니라 일로부터의 휴식이라는 소극적인 개념으로부터 죽어가는 모든 생명을 구원한다는 적극적인 개념을 회복하셨음을 기억하고, 안식일의 계명을 공동체적으로 지켜내도록 노력해야 할 것이다.

6. 부모를 공경하라

　지금 우리가 사는 세상은 핵가족 시대이다. 대개 젊은 부모와 어린자녀로 구성된 가족 형태로 살아가고 있다. 한 세대 전만 해도 우리는 대가족 시대를 살았다. 설사 자녀들이 결혼하여 분가했다고 할지라도, 자녀들의 자녀들까지 3세대가 함께 만나는 기회가 많았다. 그 당시 어린자녀들은 부모가 조부모에게 어떻게 하는지를 직접 보면서, 부모 공경에 대해 자연스레 배울 수 있었다. 그러나 핵가족 시대에는 부모 공경을 실천하기가 쉽지 않다. 성인 자녀와 노년의 부모는 한 지붕 아래 살지 않을뿐더러 성인 자녀들조차 자신들을 왕처럼 떠받들어온 부모에 대해 자기 권리를 충족시켜주는 도구 정도로 생각하는 경향이 있기 때문이다. 십계명의 제5계명에 등장하는 공경이라는 의미의 히브리어 '카베드'(kabed)는 원래 무겁다는 뜻을 지니고 있었다. 자식에게 부모에 대한 무거운 책임이 부과되어 있다는 것이다. 후에 '카베드'는 '무겁게 여기다', '비중있게 여기다', '귀중하게 여기다'는 뜻으로 발전했고, 십계명의 문맥에서는 '공경하다', '존경하다'는 말로 번역되고 있다. 오늘 부모 공경이 희미해진 핵가족 시대에 부모 공경의 계명은 더욱 절실하게 실행되어야 할 계명 가운데 하나이다.

1) 하나님과의 관계

창세기의 첫마디는 "태초에 하나님이 천지를 창조하셨다"(창 1:1)라는 고백으로 출발한다. 이 고백은 창조주이신 하나님께서 모든 생명의 근원이심을 의미하고 있다. 나아가 시편 기자는 "주께서 내 내장을 지으시며 나의 모태에서 나를 만드셨나이다"(시 139:13)라고 기록할 뿐만 아니라, 이사야서 기자는 "주님께서 나에게 이르시기를 '내가 오늘 너를 낳았다' 하셨다"(사 2:7)라고 기록하고 있다. 복음서에 보면, 예수께서는 하나님을 수시로 '아버지'라 부르셨고, 우리에게 기도를 가르치실 때에는 하나님을 하늘에 계신 '아버지'로 호칭하도록 가르치셨다. 사실 모든 인간의 생명은 부모를 통해 생물학적으로 조성되어 태어난 것이 사실이지만, 그 조성의 이면에는 창조주 하나님의 특별한 개입이 있으셨기에 가능했다. 하나님에 의해 존재하게 된 인간이 하나님을 '아버지'라고 호칭하는 것은 매우 자연스럽다. 물론 여성 신학자들이 제기하듯이 하나님을 인간 남성으로 이해하려는 데에는 문제가 있다. 그렇다고 하나님을 '어머니'라고 표현한다고 해서 문제가 해결되는 것은 아니다. 동일한 문제가 여전히 존재하기 때문이다.

성경이 남성 가부장적인 상황에 기록되어 하나님을 '아버지'로 표현하고 있기 때문에, 오늘 양성평등을 지향하는 시대에 성경을 새로 기록하는 사람이 있다면, 그는 하나님을 '어버이'로 표현함으로써 성별로부터 오는 오해를 피하려 하지 않을까싶다. 하여튼 성경이 하나님을 '아버지'로 표현하는 진정한 의도는 인간 존재의 근원이 오직 하나님으로부터 비롯되었다는 것이다. 그러므로 하나님과 신앙 관계에 있는 사람이라면, 당연히 하나님을 존재의 근원으로 인정하고 '아버지'로 호칭해야 한다. 조선시대에 아버지를 아버지라고 부르지 못하던 서자(庶子)들의 경우가 비극이었는데, 반대로 아버지를 아버지로 인정하지 않는 자식이 있다면, 그것 역시 아버지에게는 비극이 될 것이기 때문이다. 사실 이 세상의 모든 인간은 하나님에 의해서 의도적으로 낳아진 존재이므로, 아버지 하나님의 동일한 자녀들이고, 때문에 인간은 서로에게 형제요 자매이다. 아버지 하나님의 자녀들인 인간이 형제자매로서 서로 사랑하며 우애 있게 살아갈 때 그리고 아버지 하나님의 뜻에 기꺼이 순종하고 살아갈 때, 하나님은 당신의 자녀들로 인해서 기뻐하시게 될 것이다. 그러므로 우리는 하나님과의 관계에서 부모 공경은 하나님을 아버지로 인정하고, 하나님의 자녀로서 사람들 간에 사랑하며 살아감으로써 하나님을 기쁘시게 하는데 있다고 말할 수 있다.

2) 사람과의 관계

성경에 기록되어 있는 부모 공경의 계명은 젊은 자식

에게 요구하는 계명이 아니라 연로하고 병약한 부모에게 책임을 다해야 한다는 성인 자녀를 위한 계명이다. 성경은 노인 부모에 대한 부정적인 행동의 가능성을 금기시하고 있다. 부모를 구타하거나(출 21:15) 저주하는 것(출 21:17), 멸시하거나(에 22:7) 조롱하는 것(잠 30:17), 또는 착취하거나(잠 28:24) 억압하고(잠 19:26), 쫓아내는 것(잠 19:26) 등은 성인자녀가 노약자 부모에게 할 짓이 아니기 때문에 그런 자식은 돌로 쳐 죽이라고 할 만큼 강력하다. 사실 성인 자녀에게 부모 공경은 노인 부모로부터 이미 받은 사랑에 대한 당연한 보응이라고 말할 수 있다. 별로 훌륭한 부모가 아니라 할지라도 성인 자녀의 부모 공경에서 배제될 수 있는 부모는 없다. 그러므로 노인 부모를 위해 죽을 때까지 음식, 옷, 거주지 등으로 적절한 봉양을 하는 것, 예를 갖추어 존경하고 사랑하는 것, 생활력의 상실에도 불구하고 부모로서 합당하게 대우하는 것 등은 성인 자녀의 당연한 도리이다.

우리가 사람과의 관계에서 부모 공경을 말할 때, 친부모는 물론이고 배우자의 부모 역시 포함하며, 나아가 생계 능력이 없는 다른 노인들에 대한 책임까지 포함한다. 예수께서 광야에서 복음을 선포하시던 당시 어머니와 형제들이 찾아왔을 때, "누가 내 어머니며 형제들이냐? … 누구든지 하나님의 뜻대로 행하는 자가 내 형제요 자매요 어머니다"(막 3:33-35)라고 말씀하셨다. 또한 예수께서는 십자가 위에서 사랑하는 제자 요한에게 자신의 어머니 마리아를 부탁하시며 "보라, 네 어머니다"(요 19:27)라고 말씀하셨다. 이처럼 예수께서는 혈연 중심의 부모관계에 집착하지도 않으셨고, 배제하지도 않으셨다. 스스로 생계 능력이 없어 사랑과 도움을 필요로 하는 노인들은 모두 부모 공경의 대상이다. 그러므로 '고르반'(막 7:9-13, 하나님께 드리기로 작정된 예물)을 운운하며 부모 공경을 하지 않는 자는 부모는 물론이고 하나님까지 우롱하는 죄를 범하는 것이다. 이제 우리 사회가 부모 공경의 계명을 공동체적으로 실행할 수 있다면, 우리 사회의 행복지수와 도덕지수는 훨씬 더 커질 것이다.

3) 자연과의 관계

생명 유지의 수단을 제공하는 자연은 인간에게 유아 (乳兒)의 젖줄기에 해당한다. 자연의 산물 없이 인간은 생존할 수가 없다. 뿐만 아니라 자연은 때로는 아버지의 우람한 가슴과 같고, 때로는 어머니의 자애로운 품과도 같다. 자연이라는 환경 자체가 우리 인간에게 풍성한 삶을 제공하는 최대의 조건이다. 쉘 실버스타인(Shel Silverstein)의 동화 "아낌없이 주는 나무"를 읽는 우리는 대개 사람의 무조건적인 사랑에 대한 은유적인 이야기로 이해하는 경향이 있다. 그러나 그 동화를 직설적인 이야기로 읽어도 무리는 아닐 듯싶다. 자연은 인간에게 쉴만한 환경을 주고, 먹거리를 주고, 살아가는 데 필요한 모든 것을 주기 때문이다. 인간은 자연 없이 살 수가 없다. 자연과 함께 자연으로 인해서 살고 있다. 이러한 자연을 인간은 한 순간도 소홀히 할 수 없다. 그러므로 우리는 자연으로 인한 인간 생명의 보전을 인정하고, 우리로 인해 자연이 보전되도록 책임을 다할 때, 비로소 자연과의 관계에서 부모 공경을 이행하는 것이라고 말할 수 있다.

이처럼 우리는 하나님 공경을 통해서 사람다운 사람이 될 수 있고, 부모 공경을 통해서 하나님 공경하는 법을 배울 수 있고, 자연 공경을 통해서 창조주 하나님을 공경할 수 있다. 우리가 하나님의 뜻을 따라 하나님의 권위를 대행하는 부모와 노인들을 공경하는 것은 마땅한 도리이다. 부모와 노인이라는 생물학적 사회적 이유도 중요하지만, 하나님의 뜻이나 하나님의 권위처럼 신학적 이유도 중요하기 때문이다. 그러므로 부모를 공경하지 않는 것은 신앙인에게 인륜이나 사회윤리적 차원의 위법(違法)이기 이전에 신앙적인 위법이라 말할 수 있다. 이제 우리의 부모(하나님, 인간 부모, 자연환경)와 자녀 간의 관계는 사랑의 관계가 되지 않으면 안 된다. 이 사랑의 관계만 있다면, 그 밖에 다른 것은 부수적이다. 그러나 이 사랑의 관계가 없다면, 무엇으로도 그것을 대신할 수는 없다. 이제 우리는 자녀로서 언제나 부모를 공경함으로써 신앙과, 가정과 교회와, 세상과 자연을 회복해야 한다. 그러한 회복만이 하나님의 구원을 이루어 나가는 초석이 될 것이다.

7. 살인하지 말라

요즈음 우리 주변에 살인사건이 빈번하다. 나약한 어린아이나 여성들 또는 노인들이 주 대상이 되고 있다. 몇푼의 돈을 강탈하거나 순간적으로 끓어오르는 욕정을 해소하기 위해 파렴치한 행위를 하고 나서는 그것을 은폐하고자 살인을 주저하지 않는 경우도 적지 않다. 살인이란존재하는 것 자체를 거부하는 것이고, 존재하고자 하는의지를 무시하는 것이며, 더불어 살아가는 것을 용납하지않는 것이다. 하나님께서 우리에게 살인하지 말라는 계명을 주셨는데, 왜 그러한 계명이 주어졌는지를 세 가지 측면에서 살펴보자.

1) 하나님과의 관계

우주만물을 창조하시고 역사를 주관하시며 생명을 부여하시는 하나님은 인간의 오감이나 어떤 이론을 통해서 그 존재가 입증되지 않는다. 이 세상의 시간과 공간 그리고 그 안에 내재하는 모든 존재의 근원이 하나님이신 것은 틀림없지만, 그 하나님은 우리의 믿음을 통해서 존재가 인정되고 입증되는 분이다. 우리 가운데는 하나님의 존재를 부정하면서 살아가는 사람들이 있다. 우리는 그들을 무신론자라고 지칭한다. 어린아이가 두 손으로 두 눈을 가리고 하늘은 없다고 소리친다고 해서 존재하는 하늘이 사라지지 않는 것처럼, 무신론자가 하나님은 없다고 주장한다고 해서 존재하는 하나님이 없어지는 것은 아니다. 존재하는 하나님에 대해 거부하는 무신론자들을 하나님에 대한 살인의 경우로 연결해서 볼 수 있다. 철학적 무신론자는 영적 세계와 신적 존재를 부인하고, 물질에 종속된 것이나 물질 작용의 부산물로 봄으로써 하나님을 살인한다. 신학적 무신론자는 성경을 신화가 지배하던 고대세계의 문학작품으로 보고, 하나님을 문학적 도구로 등장하는 무존재의 존재로 봄으로써 하나님을 살인한다. 사회학적 무신론자는 사회가 질서를 유지하고자 개인의 사고와 행위를 지배하기 위한 도구로 하나님을 만들었다고 봄으로써 하나님을 살인한다. 심리학적 무신론자는 인간의 두려움이나 나약함이 하나님을 만들었다고 봄으로써 하나님을 살인한다. 그리고 과학적 무신론자는 무지한 고대인들에게나 하나님의 존재가 통하지, 과학이 발달한 문명세계에서는 더 이상 통하지 않는다고 봄으로써 하나님을 살인한다.

우리가 하나님의 존재를 이론적으로 입증하는 것도 어렵지만, 하나님의 무존재를 이론적으로 입증하는 것 역시 어렵다. 그러므로 하나님의 존재를 부정하는 무신론자라도 어느 순간 입장을 전환하기만 하면, 곧바로 자기 반대편에 있는 신앙인이 될 수 있다. 그러나 하나님의 존재를 자기 삶을 통해서 실천적으로 부정하는 사람들이 있다. 그들은 입으로는 하나님을 믿는다고 말한다. 그들은 교회도 다니고, 소위 외형적으로는 신앙생활이라는 것을 하면서 산다. 그들은 하나님을 운운하지만 실제로는 하나님을 두려워하지 않고, 때문에 하나님이 존재하지 않는 것처럼 자기 멋대로 산다. 예수 당시 외식하던 바리새인과 사두개인들처럼 실천적 무신론자들은 자신들도 하나님 나라에 들어가지 않으면서 다른 사람들도 하나님 나라에 들어가지 못하도록 가로막는 사람들이다. 우리는 "나더러 주여 주여 하는 자가 하늘나라에 들어가는 것이 아니라, 아버지의 뜻대로 행하는 자라야 들어간다"라는 주님의 말씀을 명심해야 한다. 하나님을 믿는다고 하면서 하나님 없이, 스스로 하나님 노릇을 하면서 사는 실천적인 무신론자는 스스로 자기 의에 빠져서 존재하는 하나님을 자신의 구체적인 삶으로써 존재하지 않는 것으로 입증하고 사는 사람이다. 그들의 경우에는 실제적인 삶의 변화가 쉽지 않다. 그러므로 우리는 무늬만 기독교인인 '짝퉁 기독교인'을 주의하고, 하나님의 존재를 입으로 시인할 뿐만 아니라 '하나님 앞에서'(coram deo) 하나님을 경외하며 진실하게 살고자 노력하는 '참된 기독교인'이 되어야 할 것이다.

2) 사람과의 관계

인간 생명의 주인은 오직 하나님이시다. 어떤 인간도 자신의 생명에 대해서나 타인의 생명에 대해서 임의로 결정할 수 없다. 누군가가 다른 인간의 생명을 파괴하는 것은 하나님의 소유에 대한 범죄이다. 모든 인간의 생명은 아주 신성한 것이어서 하나님조차도 충분한 이유가 있어야 멸하셨다. 오늘 우리가 일상 속에서 쉽게 경험하는 인간에 대한 살인은 세 가지 유형으로 나타난다. 첫째는 육체적인 살인이다. 자신의 이해관계를 충족시키기 위해 다른 누군가를 죽이는 타살, 정자와 난자가 만나 자궁 안에서 자라기 시작한 태아의 생명을 중지시키는 인공유산, 세상에서 사는 것이 어렵다는 이유로 자신의 생명을 임의로 멈추게 하는 자살, 당사자는 더 살고 싶어 하는지도 모르는데 살아있는 가족들을 위한다는 미명 아래 강제적인 죽음을 요구하는 안락사, 자신이 속한 집단과 대립관계에 있는 집단을 말살시키는 집단학살, 자신과 다른 인종이나 민족을 살상하는 종족 말살, 범죄자에 대한 살인을 통해 잠재적인 범죄자에게 위하력으로 작용하고자 실행한다는 사형 등은 육체적인 살인에 속한다. 둘째는 정신적인 살인이다. 육체적인 살인은 아니라 할지라도, 인간의 존엄성과 인격성, 그리고 가능성을 부정하거나 무시하는 것, 성경의 용어로 말하면 '라가'(미련한 놈)라 함으로써 인간 존재에 모멸감을 주는 것은 정신적인 살인이다. 셋째는 영적인 살인이다. 우리가 누군가를 신앙적으로 정죄하거나 하나님의 자녀 됨을 부정하는 것은 영적인 살인이다. 하나님께서는 이 세상의 누구라도 마지막 심판 때까지는 최종적인 심판을 유보하고 계신데, 자기 의에 빠진 누군가가 다른 사람을 마귀의 자식처럼 취급하거나 하나님의 자녀 될 가능성을 부정한다면, 바로 영적인 살인에 해당된다. 그러므로 우리는 하나님의 형상으로 지음 받은 모든 인간에 대해서 자기 몸을 사랑하듯이 그들의 살만한 삶의 조건을 최대한 구축해 주어야 한다. 이러한 맥락에서 종교개혁자 칼뱅의 다음과 같은 말은 탁월한 내용을 담고 있다. "이웃의 안전에 해로운 일을 실행했거나, 시도했거나, 원했거나, 계획했다면, 그것은 살인죄이다. 또 능력과 기회가 허락하는데도 이웃의 안전을 위해 노력하지 않았다면, 그것 역시 율법의 흉측(凶測)한 위반(살인죄)이다."

3) 자연과의 관계

자연 역시도 인간과 마찬가지로 숨을 쉬고 있는 생명이다. 생명은 서로가 서로를 배려해야 풍성한 생명을 누릴 수 있다. 인간은 자연을 관리하는 하나님의 청지기로 부름을 받았지만, 그 인간에 의해서 하나님의 자연이 훼손당하고 있다. 이산화탄소를 제어하지 않는 인간에 의해 지구의 기온이 올라가고, 지구의 기온이 올라가자 북극의 빙하가 녹고, 빙하가 녹으면서 바닷물의 온도가 바뀌고, 바닷물의 온도가 바뀌면서 엘니뇨현상과 라니냐현상을 초래한다. 엘니뇨현상과 라니냐현상으로 생겨난 태풍과 해일은 인간의 생명을 전방위적으로 위협한다. 지금 인간의 거주지인 지구 환경이 오염되고 있다. 특히 지하수와 하천, 토양이 오염되면서 인간의 먹을 물과 먹거리가 심상치 않아졌다. 심지어 생태계가 파괴되면서 자연은 자신의 생명력과 자정능력을 상실당하고 있다. 자연의 회복만이 인간의 생명을 보장해주는 것인데, 자연이 많은 부분에서 회복의 마지노선을 넘었거나 넘어가고 있기 때문이다. 오래지 않아 인간 생명의 조건인 자연이 인간을 위협하는 조건으로 바뀌게 될 것이다. 현대사회에서 인간 복지의 미명 아래 무분별하게 시행되는 유전공학적 실험과 동물 실험 역시 자연에 대한 살인의 다른 방식일 수 있다. 이제 우리는 죽임의 문화를 거부하고, 생명을 구하는 일에 앞장서야 한다. 우리가 생명을 구한다는 것은 자연을 무작정 파괴하지 않고 오히려 책임 있게 관리하는 것이며, 다른 짐승들을 난폭하게 부리지 않고 오히려 그것들과 이전처럼 공존할 수 있는 길을 모색하는 것이며, 그럼으로써 '더불어 사는 인간의식'으로부터 '더불어 사는 피조물 의식'으로까지 확대해 나가는 것이다.

이처럼 인간이라는 존재는 풍성한 삶을 위해 처음부터 다른 인간 또는 자연에 대해 서로 의존하는 공동체적인 존재였다. 더불어 공존하며 살 수밖에 없는 존재였다. 그러므로 우리는 자신의 형제나 이웃이 어떻게 살건, 다른 사람이나 자연이 어떻게 되건 자신과 아무 상관이 없다고 생각하는 사람, 그래서 형제와 이웃과 자연에 대해 무관심하고, 형제나 이웃 또는 자연의 고통에 대해 책임질 필요가 없다고 생각하는 사람은 바로 살인자 가인과 같은 사람임을 알아야 한다. 이러한 점에서 힐렐의 말은 우리에게 의미심장하다. "만약 내가 나를 위하지 않으면 누가 나를 위하겠는가? 그러나 만약 내가 나만 위한다면 나는 도대체 무엇이란 말인가?" 오늘 우리가 살고 있는 세상에서 어떤 경우에도 허용하지 말아야 할 것이 있다면, 그것은 전쟁이다. 전쟁은 광범위한 살인으로서 하나님에 대한 모독이자, 인간과 자연에 대해 돌이킬 수 없는 살인으로 작동하고 있기 때문이다. 그러므로 우리는 "살인하지 말라"라는 계명을 이행하기 위해서라도 철저한 반전(反戰)주의자로 살아야 한다.

8. 간음하지 말라

성(性, Sex)은 아름다운 것으로서 생육하고 번성하여 땅에 충만하라고 말씀하신 하나님으로부터 비롯된 창조 질서이다. 하나님께서는 아담이 혼자 사는 것을 안타깝게 여기셨다. "남자가 혼자 있는 것이 좋지 않으니, 그를 돕는 사람, 곧 그에게 알맞은 짝을 만들어 주겠다"(창 2:18). 그리고 하나님께서는 그 짝과 하나가 되도록 하셨다. "그러므로 남자는 아버지와 어머니를 떠나 아내와 결합하여 한 몸을 이루는 것이다"(창 2:24). 우리가 성경에서 흔히 간과하기 쉬운 부분이 있는데, 그것은 "남자와 그 아내가 둘 다 벌거벗고 있었으나 부끄러워하지 않았다"(창 2:25)라는 대목이다. 두 사람 사이에 누구도 개입할 수 없었고, 누구의 개입도 허용하지 않았기 때문에, 아담과 하와 두 사람은 상대 배우자에 대해서 당당할 수 있었고, 부끄럽지 않았다는 의미였다.

본래 간음이란 말은 '서로 섞다'는 의미에서 파생된 말로서 '오염시키다', '더럽히다'라는 뜻을 가지고 있다. 간음이란 사랑하는 부부 두 사람의 관계 속에 이질적인 누군가가 파고 들어가 뒤섞임으로써 둘 사이의 바른 관계를 뒤틀리게 하고, 결국 뒤섞임을 허용한 당사자는 부부간의 신뢰관계를 깨뜨린 죄로 인해서 더럽혀진다고 말할 수 있다. 성경은 성적인 타락을 상당히 비중 있게 다루는데, 소돔과 고모라의 멸망은 그 예라고 말할 수 있다. 이제 우리는 '간음하지 말라'는 계명을 세 가지 관계 속에서 조명해 보려고 한다.

1) 하나님과의 관계

구약성경을 보면 하나님과 이스라엘 백성의 관계가 남편과 아내로 유비되는 것을 종종 볼 수 있다. 호세아서에 등장하는 예언자 호세아가 자신의 결혼생활에서 부정을 자행하는 아내 고멜을 내치지 않고 계속 품는 상징적인 행위를 통해서, 이스라엘의 남편과 같은 하나님께서는 이스라엘 백성의 신앙적인 이탈에도 불구하고, 신실한 사랑으로 이스라엘을 품으시고 바른 신앙 관계의 회복을 원하고 계심을 보여준다. 아가서는 젊은 남녀 간의 애틋한 사랑 표현을 담고 있어서 경건하지 못한 성경이라는 비판이 없지 않지만, 하나님께서 자기 백성에 대해 얼마나 애틋하게 사랑하시는가를 비유적으로 보여준다. 에스겔서에서 예언자 에스겔은 산당에서 종교적인 이름으로 벌어지는 유다 백성의 간음을 비난하면서 하나님께서 진노의 피와 질투의 피를 돌릴 것이라고 예언하고 있다(겔 16:38). 이처럼 구약성경은 하나님을 신앙하는 사람이 신실하신 하나님에 대하여 신앙적으로 신실하지 못할 때, 이를 부부 관계의 간음처럼 규정하고 있다.

고대 근동의 종교들을 보면, 풍요를 기원하는 종교의식의 일부로 신전에서 음행을 자행하는 것이 일반화되어 있었다. 바벨론에서는 이스타 신전에서, 가나안과 이스라엘에서는 바알 신전에서, 그리스 로마에서는 아프로디테 신전에서 신전에 속한 창기와 예배자들 사이에서 종교적

음행이 이루어졌다. 어찌 보면 신의 이름으로, 신에게 예배를 드린다는 명목하에 음행이 정당화 되었던 것이다. 그러나 기독교는 어떤 경우에도 종교적인 음행을 허용하지 않는다. 종교적인 음행은 인간과의 바른 관계를 원하시는 하나님께서 간음으로 규정하시기 때문이다. 오늘 우리가 직면한 기독교 이단들 가운데는 하나님의 이름을 사칭하고 영적 남편을 운운하며 교주와 신도들 간의 간음을 정당화하고, 구원의 확장을 위한 수단이라면서 신도들 간의 간음을 부추기기까지 한다. 이는 성적으로 자유분방하지만 내적으로 죄책감을 갖는 현대인들에게 매력적일 수 있다. 그러나 우리의 몸은 '성령이 거하시는 전'으로서 우리 자신의 것이 아니라 하나님의 것이기 때문에 우리의 몸으로 하나님께 영광을 돌리도록 우리 몸을 순결하게 잘 관리해야 한다(고전 6:19f).

2) 사람과의 관계

하나님의 백성으로 선택된 이스라엘 사람들은 이방종교의 사람들과는 구별되어야 한다. 성의 순결은 하나님의 백성된 사람들의 징표 가운데 하나이다. 성은 하나님께서 부부의 연합을 위해 주신 선물로서 육체 관계 이상의 의미를 담고 있다. 성은 하나님께서 부부 사이에 설계하신 사랑의 교감 수단이고, 서로를 신뢰하는 가운데 기쁨을 나누는 사랑의 최고 표현 수단이다. 그러므로 부부관계 안에서 이루어지는 성은 아름답고, 순수하고, 거룩한 것이다. 하지만 사랑하는 부부 사이에 누군가가 개입하면 긴장과 갈등이 생겨나고, 아름다운 성은 급기야 더러운 것으로 타락하고 만다. 요즈음 우리가 사는 세상은 '아름다운 성'과 '더러운 성'을 구분하기보다는 '자유로운 성' 자체를 주장하는 것처럼 보인다. 심지어 '자유로운 성'의 이름으로 '더러운 성'을 미화하기조차 한다. 배우자와의 관계가 시들해진 부부에게 혼외정사는 성적인 재충전이 될 수 있고, 오히려 결혼생활을 좋게 하는 기회가 될 수 있으며, 외부에서 얻은 성적인 충족감은 배우자에게 바가지를 긁을 필요가 없게 한다는 말까지 나오기 때문이다.

인간에게 성은 삶의 중요한 부분이지만, 성이 삶의 전부는 아니다. 인간은 남성 수컷과 여성 암컷으로 동물화

될 수 없다. 따라서 부부관계 이외의 혼전성이나 혼외정사는 용납할 수 없다. 결혼 제도란 인간으로 하여금 무절제한 정욕에 빠지는 것을 막고, 배우자와 즐겁게 살도록 제정된 창조질서라 말할 수 있다. 창조질서에 따라 결혼의 복에 이른 부부는 참된 사랑의 관계를 유지하고 성숙시키는 동시에 다른 사람들의 부부관계를 침해하지 말아야 한다. 부부관계는 가정의 기초인데, 이를 훼손시키는 것은 다른 사람의 삶을 부정하는 것이 되고, 사회공동체를 파괴하는 것이 되기 때문이다. 우리 기독교인들은 성을 방종적인 것으로 유도하는 이 시대의 풍조를 따르지 말아야 하고, 사랑 없는 성관계나 상품화된 성을 용납하지 말아야 한다. 우리 사회에서 성의 문제는 남성에게 관대하고, 여성에게 엄격한 이중 잣대가 적용되는 경향이 있는데, 이는 "간음하지 말라"라는 계명을 오해한 결과이다. 왜냐하면 남성과 여성 각각의 주체가 간음의 행위에 참여하는 것이기 때문이다. 필자는 간음하지 말라는 계명을 지키기 위해서 성(性)은 '성성성성(聖誠城成)'이 되어야 한다고 본다. 성은 부부라는 구별된 관계 속에서(聖) 배우자에게 성실해야 하고(誠), 그 이외의 상대로부터 지켜져야 하며(城), 그럼으로써 아름다운 사랑을 이루는 것(成)이 되어야 하기 때문이다.

3) 자연과의 관계

"간음하지 말라"라는 계명이 자연과 무슨 상관이 있을까 의아(疑訝)할 수 있지만, 성경은 인간과 동물의 관계 속에 바르지 않은 성적 관계가 있음을 분명히 제시하고 있다. 출애굽기 22장 19절에는 "짐승과 행음하는 자는 반드시 죽일지니라"라고 기록되어 있다. 일반인의 상식으로 이해하기란 쉽지 않겠지만, 동서고금을 보면 사람이 짐승과 성적인 관계를 하는 경우가 종종 있었다. 다른 사람과의 정상적인 인간관계가 여의치 않아 그 대안으로 짐승과 관계하는 것이든, 성적인 욕망의 출구 수단으로 짐승과 관계하는 것이든, 그 관계가 성적인 관계라면, 하나님의 창조질서를 거스르는 일임에는 틀림이 없다. 성은 어디까지나 인간 사이의 인격적인 관계 속에서 이루어지는 것이지, 인간과 동물 사이에서 이루어질 수 있는 것이 아니기 때문이다. 또한 신명기 22장 9절 이하를 보면, 두 가지 다른 씨를 섞어서 뿌리지 말고, 소와 나귀에게 한 멍에를 메워서 밭을 갈지 말며, 양털과 무명실을 섞어서 짠 옷을 입지 말라고 지시하고 있다. 하나님께서 창조하신 모든 피조물은 각각의 성질이나 특성을 가지고 있는데, 그것을 인간이 임의로 변질시켜서는 안 된다는 것이다. 어떤 점에서 동물이든 식물이든 모든 생명은 각각의 존재의미를 지니고 있는데, 이는 피조물의 생명에 대해서 인간이 마음대로 조작할 수 없음을 의미하는 것이다. 우리는 현대 과학이 시도하는 이종의 짐승교배나 이종의 식물교배가 인간과 자연 간에 금지된 간음의 계명을 범함으로써 하나님의 창조질서를 혼란케 할 수 있음을 알아야 한다. 사실 모든 동물은 본능적인 생식 행위를 통해서 자신의 종(種)을 유지하고, 식물은 암술과 수술이 만나 수정함으로써 자신의 종(種)을 유지한다. 그러므로 인간은 하나님의 청지기로서 동물과 식물이 자신의 종(種)을 창조질서대로 유지하도록 관리해야 한다. 그러나 인간은 생식의 본능과 상관없이 인간 간에, 인간과 동물 간에 간음을 도모할 수 있고, 동물과 식물의 생명을 임의로 교배함으로써 또 다른 간음을 범하게 하는 존재일 수 있음을 주의해야 한다.

이처럼 간음이라는 것은 처음에는 옳지 않은 것으로 간주되었으나, 그 다음에는 둘 사이에 사랑이 있으면 정당화할 수 있는 것으로 이해하기 시작했고, 그 다음에는 인류가 일부다처제였음을 주장하면서 자연스러운 것으로 진화되었고, 마지막에는 모순적이게도 사랑이 없는 한은 괜찮은 것이라고 선언하는 지경까지 이르고 있다. 한편 대다수의 사람들이 간음을 나쁜 것이라고 생각하지만, 실제 배우자에게 충실한 사람은 생각보다 많지 않다는 사실을 기억하면서, 우리는 자신의 삶을 날마다 겸허하게 돌아보아야 한다. 이를 위해 우리가 언제나 기억할 것은 요셉이 보디발 장군의 아내에게 유혹을 받았을 때 외친 말이다. "내가 어찌 이 큰 악을 행하여 하나님께 죄를 지으리이까?" 이제 우리는 언제 어디서나 우리를 낱낱이 감찰하시는 하나님 앞에서(Coram Deo) 살아가는 존재임을 잊지 말고, "하늘을 우러러 한 점 부끄럼이 없기를 잎새에 이는 바람에도 나는 괴로워했다"라는 윤동주 시인의 심정을 담아서 고고하고 순결하게 살아가야 할 것이다.

9. 도적질하지 말라

우리말 사전에 도적질은 "남의 물건을 훔치거나 빼앗는 짓"이라고 설명하고 있다. 우리가 어떤 물건을 소유하려면, 소유하기까지 땀을 흘리는 노력을 정당하게 감당해야 한다. 자신은 아무런 노력을 하지 않고, 다른 사람이 노력하여 얻어낸 결실을 자신의 것으로 삼으려 한다면, 그것은 도적질이다. 자급자족을 하던 시절에 포도를 먹으려면, 포도를 심고 가꾸는 노력을 거쳐야 포도를 먹을 수 있었다. 아담한 주택에 들어가 살기를 원하면, 건축에 필요한 자재들을 확보하고 청사진대로 집짓는 노력을 거쳐야 그 집에 들어가 살 수 있었다. 그런데 포도를 심고 가꾸는 노력을 하지 않은 사람이 실제 포도를 심고 가꾼 사람보다 더 많은 포도를 먹으려는 것, 주택을 짓기 위해 조금도 노력하지 않은 사람이 주택을 지은 당사자를 제치고 그 집에 들어가서 살려는 것, 이것이 문제이다. 이사야서에 등장하는 '새 하늘과 새 땅'의 비전을 보면, "(새 하늘과 새 땅에서는) 집을 지은 사람들이 자기가 지은 집에 들어가 살 것이며, 포도나무를 심은 사람들이 자기가 기른 나무의 열매를 먹을 것이다. 자기가 지은 집에 다른 사람이 들어가 살지 않을 것이며, 자기가 심은 것을 다른 사람이 먹지 않을 것이다"(사 65:21-22a)라고 기록하고 있다. 이처럼 억압과 강탈이 난무하는 세상에서 하나님께서 세우기를 원하시는 '새 하늘과 새 땅'은 더 이상 도적질을 허용하지 않는 세상임을 알 수가 있다. 하나님께서는 도적질이 일상화되어 있던 이집트와는 달리 이스라엘이 정착하게 될 가나안에서는 불로소득의 도적질을 허용할 수 없음을 명확히 하셨던 것이다.

1) 하나님과의 관계

이 세상에 존재하는 모든 것들은 자기 스스로 존재하는 것이 아니라, 창조주 하나님께서 존재하도록 창조하셨기에 존재하는 것이다. 하나님의 창조로 인해 존재하게 된 모든 피조물들의 본래 주인은 하나님이다. 하늘과 땅과 바다는 하나님의 것이고, 하늘과 땅과 바다 안에 존재하는 모든 피조물들이 하나님의 것이다. 하나님의 형상으로 창조되어 하나님의 피조물들을 다스리는 청지기로서 위임받은 인간과 그 인간의 생명 역시도 하나님의 것이다. 그러고 보면 우리를 낳아주신 부모도, 우리가 낳은 자식도 생명을 주신 하나님의 소유이다. 우리가 하나님의 것을 우리의 것이라 하는 순간 우리는 하나님의 것을 도적질하는 것이 된다. 우리가 세상에서 소유하고 있는 모든 것들은 사실 하나님의 것으로서 하나님께서 우리의 관리 하에 맡기신 것이거나 사용하도록 기회를 주신 것일 뿐, 그것의 궁극적인 소유권은 전적으로 하나님께 있는 것이다. 구약성경을 보면, 이스라엘 백성이 수입의 십분의 일을 십일조로 바쳤던 것이나, 제7일인 안식일을 거룩하게 지켰던 것은 물질과 시간 전체가 하나님으로부터 비롯되었음을 인정하고, 원천적인 소유자가 하나님이심을 가시화하는 신앙훈련의 과정이었다. 모든 인간은 하나님의 창조질서를 따라 스스로 일하면서 살아야 한다. 그러므로 일을 하는 것은 하나님의 저주가 아니라 하나님의 명령이며

축복이다. 한편 하나님께서는 삶의 공동체가 풍성한 삶을 살도록 구성원 각자에게 필요한 재능과 은사를 나누어주셨다. 우리가 우리에게 주어진 재능과 은사로 삶의 공동체를 풍성하게 했다면, 그 영광은 재능과 은사를 주신 하나님께 돌려드리는 것이 마땅하다. 그러므로 하나님께서 주신 재능과 은사를 우리가 남용하거나 독점하고, 그 결과를 자신의 영광으로 삼는 것은 하나님의 것을 도둑질하는 것임을 우리는 기억해야 한다.

2) 사람과의 관계

우리가 다른 사람의 물적 소유물을 강탈하거나 도적질하는 것은 그가 풍성하게 누려야 할 생명을 도적질하는 것이다. 우리가 다른 사람의 지적 소유물인 글이나 아이디어 또는 특허를 도용하는 것 역시 다른 사람의 생명과 삶이 투여된 결과물을 도적질하는 것이다. 우리는 자신의 필요 이상으로 많이 소유한 어떤 것에 대해서 자신의 것으로 주장하기보다 이웃들의 것이라고 인정하는 신앙적 민감성을 지녀야 한다. 사실 자신에게 필요 이상의 것은 자신을 통해 그것을 절실히 필요로 하는 이웃들에게 나누어 지도록 하나님께서 맡기신 것이다. 또한 우리가 자신에게 필요한 몫 이상을 받은 것이 하나님의 은혜라면, 그 은혜는 다른 사람과 나누어야 하는 것이다. 우리는 이웃들의 소유에 대한 정당한 의무를 거부하는 것 역시 그들의 재산을 횡령하거나 도적질 하는 것임을 알아야 한다. 어떤 관리인이 관리를 위탁한 소유주의 재산을 부당하게 소비하거나 함부로 허비하는 경우, 어떤 기업주가 노동자에게 적당한 대가를 지불하지 않거나 임의로 임금을 삭감하는 경우가 바로 그러한 경우라 할 것이다. 우리가 사람과의 관계에서 찾을 수 있는 도적질은 이 이외에도 많다. 다른 사람이 도적질한 것을 사용하거나 구입하는 것, 다른 사람과 약속한 시간을 어기거나 늦게 도착해서 그의 시간을 잃게 하는 것, 다른 사람에게 돌아갈 칭찬이나 영예를 가로채는 것 등도 도적질이다. 동서고금을 보면 사람 자체를 도적질하는 경우도 비일비재했다. 노예사냥, 인신매매, 유아 유괴, 부녀자 강탈, 경쟁사의 직원에 대한 부정적인 스카웃 등은 사람을 도적질하는 것에 해당한다. 그러므로 우리는 자신의 현실에 만족하면서 정직하고 합법적

인 이익만을 얻도록 힘써야 하고, 정당한 대가의 지불과
함께 정당한 이윤만을 남기도록 노력해야 한다.

3) 자연과의 관계

자연은 하나님의 창조질서와 먹이사슬에 의해 자연을
구성하는 모든 생명체의 생존을 유지하고 있다. 인간이
자신의 생존에 필요한 것 이상을 획득하려고 하는 것은 자
연을 갈취하는 것이고 도적질하는 것이다. 인간의 생존을
보증하는 자연환경과 사회적인 공공시설은 모든 사람이
공유해야 하는 것이다. 공유해야 할 것이 누군가에 의해
독점되는 순간 공유로부터 배제된 존재들은 존재 자체를
위협받게 된다. 인류 전체가 공유해야 할 자연은 인류 전
체와 자연이 공존하는데 부족함이 없도록 창조되었지만,
모두의 공유와 정당한 분배 체제를 왜곡함으로써 죽임과
멸종의 문제가 야기되고 있다. 지구환경은 오늘을 살아가
는 세대에게만 주어진 것이 아니라 아직 태어나지 않은 미
래 세대에게도 동일하게 주어진 것이다. 오늘 우리 세대
가 자연이 스스로를 회복할 수 있는 자정력의 범위를 넘어

설 만큼 자연을 착취한다면, 우리 세대는 당장은 살아갈 수 있다고 할지라도 미래 세대는 풍성한 삶의 기회를 상실하고 말 것이다. 우리가 지금 경험하는 환경오염으로 인한 생태계 질서의 파괴는 이미 인류 전체와 자연의 생존을 위협하고, 나아가 미래 세대의 생존을 불가능하게 하는 것이다. 우리는 이러한 현실을 직시하면서, 지구환경에 내재되어 있는 미래 세대의 삶의 권리를 도적질 하지 말아야 한다. 현재 우리나라는 유전자조작 작물의 상업적 재배를 금지하지만, 당장의 최대 이윤창출을 위해서 우리도 모르는 사이에 상업적 재배가 이루어질 수도 있다. 그러나 이러한 과정에서 변형된 유전자 유출, 잡초화, 토양 미생물상의 변화, 해충저항성 유전자에 의한 초식성 절지동물의 죽음, 먹이사슬의 파괴, 생물 다양성의 감소 등의 초래로 인해서 우리 세대와 미래의 세대 모두가 생존의 기회를 도적질 당할 수 있음을 우리는 잊지 말아야 한다.

도적질이란 단지 대상물만을 도적질 하는 것이 아니다. 궁극적인 소유권을 갖고 있는 하나님의 존재를 부정하는 것이며 그분의 소유를 사유화하는 것이다. 도적질은 어떤 대상물을 직접 소유한 사람이나 앞으로 그 대상물로 살아야 할 미래 세대의 살 권리를 박탈하는 것이다. 또한 도적질은 창조주로부터 존재를 보증 받은 자연에게서 그 존재의 본래성을 강탈하는 것이다. 도적질과 강도질은 은밀하게 하느냐 노골적으로 하느냐의 차이일 뿐 '남의 것을 자신의 것으로 삼는' 점에서는 동일하다. 그러나 우리 기독교 신앙인들은 '자신의 것을 자신만을 위해 독점적으로 사용하는' 이기적인 사람들과 달리 하나님의 청지기로서 '자신의 것이라 주장할 수 있는 것조차도 그것을 필요로 하는 사람들과 기꺼이 나누며 살아가는' 단계까지 나아가야 한다.

10. 거짓증거하지 말라

우리는 거짓말의 홍수 속에 살고 있다. 거짓말이란 사실이 아닌 것을 사실인 것처럼 꾸며대는 말이다. 인류의 역사는 거짓말과 함께 시작되었다. 성경의 창조 이야기는 에덴동산에서 발생한 거짓말로 곧바로 이어지기 때문이다. 하나님께서는 인간 아담과 하와에게 동산 각종 나무의 열매는 임의로 먹되 선악을 알게 하는 열매는 먹지 말라고 명령하시면서, 선악과를 따먹는 날에는 반드시 죽을 것이라고 말씀하셨다(창 2:16f). 그런데 간교하기 그지없는 뱀이 하와에게 다가와 "하나님이 참으로 너희에게 동산 모든 나무의 열매를 먹지 말라 하시더냐?"(창 3:1)라고 질문했다. 이 질문은 이미 거짓말을 담고 있었다. 뱀은 하나님께서 금지하신 '선악을 알게 하는 나무의 열매'에다 허용하신 다른 나무의 열매들까지 포함하여 '모든 나무의 열매'라고 왜곡했기 때문이다. 뱀의 거짓말에 대해서 하와 역시 거짓말로 응답했다. "동산 나무의 열매를 우리가 먹을 수 있으나 동산 중앙에 있는 나무의 열매는 하나님의 말씀에 너희는 먹지도 말고 만지지도 말라 너희가 죽을까 하노라 하셨느니라"(창 3:2f). 하와는 '먹지 말라'는 하나님의 말씀에 '만지지도 말라'는 말을 추가했고, '반드시 죽을 것이라'는 말을 '죽을까 하노라'는 애매한 말로 바꾸었기 때문이다. 그러자 뱀은 원래 하나님께서 하신 말씀을 완전히 뒤집어서 "너희가 결코 죽지 아니하리라"(창 3:4)라고 단언했다. 여기서 우리는 거짓말은 다른 거짓말을 낳고, 작은 거짓말은 더 큰 거짓말을 낳음을 볼 수가 있다. 결국 하나님께서는 생명을 죽음으로 이끌 수 있는 거짓말을 금하도록 우리에게 명령하셨다.

1) 하나님과의 관계

김대중 대통령 당시 고급 옷 로비 사건이 터져 국회에서 청문회가 이루어졌다. 이 청문회는 텔레비전을 통해서 실제 상황 그대로 전달되었다. 이 청문회에 소환된 사람들은 모두가 기독교인이었고, 더군다나 함께 성경공부를 하던 신앙공동체의 지인들이었다. 그런데 그들은 진실만을 말하겠다 맹세하고도 제각기 다른 말을 했다. 시청자들이 볼 때, 청문회에 나온 모두가 거짓말을 했다고 단언할 수는 없었을지라도 분명 대부분의 사람들은 거짓말을 하고 있었다. 왜냐하면 그들의 말은 어느 누구도 서로 일치하는 말이 없었기 때문이다. 이때만큼 기독교인의 한 사람으로서 기독교인이라는 사실이 부끄러웠던 적은 없었다. 그들은 자기 말의 진정성을 확증하기 위해서 하나님을 운운했는데, 결과적으로 하나님은 그들의 거짓말을 은폐하기 위한 도구로 전락되었기 때문이다. 예수께서는 산상설교에서 도무지 맹세하지 말라고 말씀하셨다. 하늘은 하나님의 보좌이고, 땅은 하나님의 발등상이라고 보셨기 때문이다(마 5:33ff). 사람들은 흔히 하나님의 이름으로 맹세하지만, 그것이 거짓으로 드러날 때는 거짓말한 당사자만 부끄러워지는 것이 아니라, 하나님을 신앙한다는 그 사람으로 인해서 하나님까지 부끄럽게 한다. 또한 예수께서는 부모를 봉양하는데 사용해야 할 어떤 것을 하나님께 드리기로 예약되었다는 의미로 '고르반'(막 7:11)

이라고 말한 후에는 하나님께 드리지도 않고, 부모에게 봉양하지도 않는 완악하고 거짓된 사람들을 책망하셨다. 그들은 부모공경의 의무를 회피하기 위해서 하나님의 이름을 빌려 자신의 거짓된 의도를 미화했기 때문이다. 하나님께서는 진리 자체이시고, 거짓됨이 없으신 분이시다. 그러므로 하나님을 신앙하는 우리 역시도 거짓을 허용하지 말아야 한다.

2) 사람과의 관계

〈아름다운 청년 전태일〉이란 영화가 있다. 이 영화는 1960년대 말에서 1970년대 초의 한국 상황을 배경으로 한다. 한국의 정치와 기업이 경제성장에 모든 노력을 기울이느라 노동자의 인권을 무시하던 시절이다. 평화시장에서 재단사 보조로서 노동자 생활을 시작한 청년 전태일은 노동자들의 비참한 현실을 온몸으로 체험한다. 그는 동료 노동자들의 아픔을 함께하며 개인적인 차원에서 동정해 보지만 그것이 한계가 있음을 깨닫는다. 그는 노동법을 배워 노동자들의 현실을 개선하고자 법적인 노력을 하는데, 노동자의 권익을 위해 일한다는 노동청이 기업주의 하수인이고, 민주국가의 노동법이란 그럴듯한 장식에 불과하다는 사실을 경험한다. 그는 노동자들의 열악한 현실을 사회와 일반 국민들에게 알리고자 데모를 하지만, 언론은 보도에 인색하다. 결국 그는 자신의 몸을 살라 노동자들의 상황과 요구를 극명하게라도 알리겠다고 결단한다. 왜 청년 전태일은 자기 몸을 불태울 수밖에 없었을까? 제3공화국의 성장 이데올로기에 지식인과 언론이 침묵으로 동조하거나 '예'라고 선전할 때, 그는 피 토하며 죽어가는 동료 노동자들의 현실을 보면서 '이것은 아니오'라고 외치고자 했기 때문이다. 예수께서는 "오직 너희 말은 옳다 옳다, 아니라 아니라 하라. 이에서 지나는 것은 악으로부터 나느니라"(마 5:37)라고 말씀하셨다. 우리는 하나님의 진리에 상응한 것은 어떤 경우라도 '옳다'고 해야 하지만, 하나님의 진리를 거스르는 것은 언제라도 '아니오'라고 해야 한다. 우리는 자신의 욕망을 채우기 위해서 나봇의 포도원을 강탈한 아합과 이세벨처럼(왕상 21:1-14) 거짓증거를 조장하지도 말아야 한다. 누군가의 기분을 좋게 하고자 아첨도 하지 말아야 한다. 아첨이란 상대의 단점을 더욱 강하게 하고, 사악한 행동을 부추기며, 잘못을 바로잡기는커녕 악과 어리석음을 조장하는 거짓말로 작동하기 때문이다. 또한 우리는 한국의 근현대사에서 경험한 것처럼, 진실을 침묵하는 것 역시 다른 형태의 거짓말이 됨을 꼭 기억해야 한다.

3) 자연과의 관계

자연은 참으로 정직하다. 땅에다 콩을 심으면 콩이 나오고, 팥을 심으면 팥이 나온다. 콩을 심었는데 팥이 나오고, 팥을 심었는데 콩이 나온다면, 그것은 자연의 행위가 아니라 인간의 거짓이나 사기가 개입된 결과이다. 예수께서 비유로 말씀하신 것처럼, 좋은 나무는 좋은 열매를 맺고, 나쁜 나무는 나쁜 열매를 맺는다. 좋은 나무가 나쁜 열매를 맺을 수 없고, 나쁜 나무가 좋은 열매를 맺을 수 없다 (마 7:17f). 좋은 나무가 나쁜 열매를 많이 맺으면 더 이상 좋은 나무일 수 없고, 나쁜 나무가 좋은 열매를 많이 맺으면 더 이상 나쁜 나무라고 말할 수 없다. 우리가 자연의 질서를 보면, 봄이 온 후에는 여름이 오고, 여름이 온 후에는 가을이 오며, 가을이 온 후에는 겨울이 온다. 그리고 겨울이 온 후에는 다시 봄이 온다. 이처럼 정직한 자연 안에 살면서 우리는 다가오는 계절을 예측할 수가 있다. 그런데 문제는 인간이 정직한 자연을 혼란에 빠뜨리고 있다는 데 있다. 원래 우리나라는 사시사철이 명확한 온대기후의 지역이었다. 그런데 요즈음 우리나라는 봄과 가을이 실종되고 여름과 겨울만 존재하는 규정하기조차 어려운 지역이 되었다. 인간이 마구잡이로 사용하며 내뿜은 이산화탄소가 지구의 온도를 상승시켰고, 지구의 상승된 온도가 북극의 빙하를 녹였고, 북극의 녹은 빙하가 바닷물의 온도를 바꾸어 엘리뇨 또는 라니냐 현상을 초래했기 때문이다. 이로 인해 폭우와 폭설, 태풍과 해일이 지구도처에서 시도 때도 없이 발생하고 있다. 그러므로 우리는 자연의 정직한 질서를 예측할 수 없을 만큼 자연을 손상시키지 말아야 한다. 우리는 자연이 스스로 자정능력을 갖고 있다고 거짓말하면서 자연에 대한 인간의 무책임한 행위를 정당화시키지 말아야 한다. 자연은 언제나 인간이 해친 만큼 반응하기 때문에 우리는 자연을 해쳤음을 변명하거나 무시하지 말고, 자연의 바른 질서를 회복하는 일에 앞장서야 한다.

하나님은 진리 그 자체이다. 하나님의 아들 예수 그리스도 역시 진리이다. 예수께서는 "진실로 말한다"는 공식 가운데 당신의 진리를 선포하셨다. 그러므로 인간은 하나님 앞에서 거짓을 범해도 안 되고, 하나님을 거짓을 은폐하기 위한 도구로 삼아도 안 된다. 우리 인간은 거짓말하는 죄를 수시로 범하고 있다. 그러나 진리 되신 하나님 앞에서 거짓말을 거부하기 위해 몸부림을 쳐야 한다. 지금 자연의 질서가 인간의 욕망과 거짓된 행위로 인해 만신창이가 되어가고 있다. 지금이라도 인간은 자연을 관리하는 청지기로서 하나님의 창조질서가 예측가능한 정직한 질서가 되도록 노력해야 한다.

11. 탐내지 말라

탐욕이란 지나치게 탐하는 욕심이다. 인간은 어떤 대상을 보면, 자연스레 탐심이 발동할 수 있다. 그러나 탐심이 발동하면 바로 그 자리에서 멈추어야지, 그 탐심을 발전시키면 탐욕이 되고, 그 탐욕은 일만 악의 뿌리가 된다. 우리는 머리 위를 지나가는 탐심이라는 까마귀에 대해 스스로 어쩔 수 없지만, 그 까마귀가 머리 위에다 탐욕이라는 둥지를 틀도록 해서는 안 된다. '톨스토이'의 소설집 『사람은 무엇으로 사는가』 가운데 〈사람에게는 얼마만큼의 땅이 필요한가?〉라는 교훈적인 단편소설이 있다. '바흠'이라는 농부가 어떤 지방에서 땅을 싸게 판다는 말을 듣고 그 곳으로 갔다. 그 지방에서는 하루 종일 걸어 표시한 만큼의 땅을 싸게 판매했는데, 해가 지기 전까지 출발점으로 돌아오지 않으면 모든 것이 무효가 되는 조건이었다. 바흠은 아침 일찍 출발해서 반환점을 돌아야 할 시점인데도 욕심 때문에 계속 나아갔고, 어쩔 수 없이 돌아가야 한다고 생각했을 때는 시간이 늦어져 급한 마음으로 출발점을 향해서 전속력으로 달리기 시작했다. 그러나 바흠은 너무 무리하게 달린 나머지 출발선에 가까스로 도착했을 때 그만 심장이 터져서 죽고 말았다. 결국 바흠에게 필요했던 땅은 그의 시신을 묻을 한 평의 땅으로 족했다. 단편소설을 쓴 톨스토이는 대부호로서 많은 것을 누리며 안락하게 살 수 있었지만, 탐욕의 결말이 어떠한지를 알았기에 자신의 재산을 가난한 사람들에게 나누어주고 방랑생활을 하면서 여생을 마친 위인이었다. 구약성경을 보면 바흠과 유사한 사람이 있는데, 그는 '아간'이었다(수 7:16-26). 아간은 여리고성을 정복할 때, 모든 것을 불사르라는 하나님의 명령을 외면하고, 탐나는 물건들을 취하여 장막에 숨겼다가 그만 발각되어서 그와 그의 가족들 모두가 돌에 맞아 죽어야만 했다. 이처럼 탐욕은 자신이 가진 것에 만족하기보다는 가지지 못한 것에 불평하는 것이고, 소유하지 못한 것뿐만 아니라 소유할 권리가 없는 것까지 가지려 하는 것이라고 말할 수 있다.

1) 하나님과의 관계

창세기 에덴동산의 이야기에 의하면, 인간의 타락은 거짓말에서 비롯되었고, 그 거짓말로 부추겨진 것은 탐욕이었다. 뱀은 하와에게 이렇게 말했다. "너희가 그것(선악의 열매)을 먹는 날에는 너희 눈이 밝아져 하나님과 같이 되어 선악을 알 줄 하나님이 아심이니라"(창 3:5). 뱀의 말은 선악의 열매를 먹고 나면, 하나님처럼 될 수 있다는 것이었다. 이 말에 하와는 선악의 열매를 다시 보았고, 먹음직도 하고, 보암직도 하고, 지혜롭게 할 만큼 탐스럽기도 한 선악의 열매를 외면할 수가 없어서 자기가 먼저 먹은 후에 남편 아담에게도 주었던 것이다. 이처럼 인간의 타락은 하나님처럼 되겠다며 하나님의 자리를 탐한 것에서 출발하고 있다. 모든 인간은 하나님의 형상으로 지음 받은 존재로서 하나님을 중심으로 하나님께 영광을 돌리며 사는 것이 삶의 본분이다. 그런데 인간이 하나님의 자리를 탐한다는 것은 더 이상 하나님 중심으로 살지 않고, 자기중심으로 자기 멋대로 살겠다는 의미이다. 한편 하나님께서 인간을 당신의 형상으로 창조하셨다는 것은 하나님의 기대치에 상응하여 세상에 하나밖에 없는 소중한 존재로 살라는 의미이다. 그런데 인간은 하나님께서 자기에게 주신 고유한 달란트에 만족하기보다는 남의 달란트를 보고 안달하는 경향이 있다. '마틴 부버'가 쓴 『인간의 길』이라는 책을 보면, 어느 랍비가 제자들에게 삶의 교훈을 주고 있다. 하나님께서는 심판 때에 "너는 왜 다윗과 같은 위대한 성군이 되지 않았니? 너는 왜 모세와 같은 민족의 지도자가 되지 않았니? 너는 왜 엘리야와 같은 능력의 예언자가 되지 않았니?"라고 심판하지 않고, "너는 왜 너이지 않았니?"라고 심판하신다는 것이다. 그러므로 우리는 "그들은 가지고 있는데 나는 왜 없는가?"라고 생각하는 탐욕은 하나님께서 주신 것을 만족하지 않고 불평하는 것일 뿐만 아니라, 하나님의 자신에 대한 기대치와 믿음을 근본적으로 상실한 것임을 알아야 한다.

2) 사람과의 관계

어떤 사람이 유산문제로 예수께 와서 말했다. "선생님, 내 형을 명하여 유산을 나와 나누게 하소서"(눅 12:13). 그러자 예수께서 말씀하셨다. "삼가 모든 탐심을 물리치라. 사람의 생명이 그 소유의 넉넉한 데 있지 않다"(눅 12:15). 그리고 예수께서는 계속해서 어떤 부자에 대해 비유로 말씀하셨다. 한 부자가 너무 많은 소출을 거두었기 때문에 창고를 크게 짓고 그 안에 넉넉히 쌓아둔 후에 마음껏 즐기며 살자고 계획하고 있다. 하지만 하나님께서 그의 생명을 거두신다면 그 모든 것들이 누구의 것이 되겠느냐고 예수께서는 질문하셨다. 자기를 위해 재물을 쌓아 두고 하나님께 대하여 부요하지 못한 자는 부자처럼 어리석은 사람이라고 예수께서 교훈하신 것이다. 인간의 탐욕은 대개가 끝이 없다. '조금만 더, 조금만 더' 욕심을 내다가 결국에는 패가망신하고 만다. 언론을 보면, 탐욕은 사회적인 부정부패와 불의의 근원이 되고 있다. 특히 권력과 힘을 쥔 자들은 현재 자신의 소유로도 넉넉히 먹고 살 수 있는데, 만족하지 못하고 자신의 유리한 위치를 악용해서 탐욕을 채우다가 사고를 일으킨다. 우리나라에 로또(Lotto)가 처음 시작되었을 때 '인생역전, 인생대박'이라는 광고 문구가 있었다. 로또에 당첨될 확률은 벼락에 맞을 확률보다 낮은데, 많은 사람들이 불나방처럼 달려들었다. 그런데 설사 당첨되었다고 할지라도 '해피엔딩'(Happy Ending)으로 끝나는 경우는 드물었다. 그 엄청난 당첨금이 유흥장과 도박장에서 탕진되었고, 당첨자들은 알콜중독자나 채무자 또는 노숙자나 범법자로 생을 마감하고 있기 때문이다. 그러므로 로또의 광고 문구는 '인생역전, 인생쪽박'으로 바꾸는 것이 옳다. 탐욕은 다른 사람과의 아름다운 관계를 차단하는 원인이 되기도 한다. 사촌이 땅을 샀을 때 배가 아픈 것은 땅을 산 사촌의 기쁨을 헤아리기보다는 땅을 사지 못한 자신의 처지를 불평하기 때문이다. 자신의 현재 소유로 자족할 수 있는 사람은 다른 사람이 기뻐할 때 함께 기뻐할 수 있고, 자신이 어떤 상황에 처하든 감사할 수 있다. 우리는 탐욕에 반대되는 사도 바울의 고백을 우리의 고백으로 삼아서 살아야 한다. "내가 궁핍해서 이렇게 말하는 것이 아닙니다. 나는 어떤 처지에서도 스스로 만족하는 법을 배웠습니다. 나는 비천하게 살 줄도 알고, 풍부하게 살 줄도 압니다. 배부르거나, 굶주리거나, 풍족하거나, 궁핍허거나, 그 어떤 경우에도 적응할 수 있는 비결을 배웠습니다. 나에게 능력을 주시는 분 안에서 나는 모든 것을 할 수 있습니다"(빌 4:11-13).

3) 자연과의 관계

오늘 우리가 사는 현대사회에서 물질에 대한 지나친 탐욕은 환경오염과 환경파괴를 유발한다. 현대인은 인류 전체가 먹고 살 수 있는 지구환경을 기뻐하고 감사해야 하는데, 다른 사람보다 더 많은 것을 소유하겠다는 탐욕과 무한 경쟁으로 인해서 '하나님께서 보시기에 좋았다'며 그 존재를 보증하신 자연을 황폐시키고 있다. 현대인은 최대한의 곡물을 생산하겠다는 탐욕으로 인해 인간 자신에게 유해한 비료를 마구잡이로 뿌리고 있고, 자신은 물론이고 끊임없이 생산할 수 있는 땅의 지력까지 해치고 있다. 또한 현대인은 유전자조작 작물이 인간에게 어떤 해를 끼칠 지를 충분히 검증하지 않은 채 생산해서 판매하고 있는데, 이 역시 멈출 수 없는 탐욕에서 비롯되고 있다. 유전자가 조작된 작물은 언젠가 생태계의 질서를 파괴할 뿐만 아니라 인간의 생명과 생식도 크게 위협할 수가 있다. 이제라도 우리는 환경친화적인 생산이나 개발을 위해서 당장 눈앞에 보이는 이익을 포기할 수 있어야 한다. 탐욕과 관련해서 꼭 집고 넘어가야 할 부분은 땅에 대한 탐욕이다. 구약성경 레위기의 희년규정은 "땅을 아주 팔지는 못한다. 땅은 나의 것이다. 너희는 다만 나그네이며, 나에게 와서 사는 임시 거주자일 뿐이다"(레 25:23)라고 기록하고 있다. 어디 땅만 하나님의 것이랴? 하늘도, 산도, 바다도, 공기도, 물도, 그 안에 존재하는 모든 것도 다 하나님의 것이다. 그러나 하나님의 소유 가운데 특히 땅에 대한 탐욕은 전쟁과 살인, 긴장과 갈등을 야기하는 근본적인 원인이 되고 있다. 그러므로 우리는 삶의 거주지나 살아가기 위한 최소 조건이 아닌 투기의 대상으로서 땅을 설정하는 것은 큰 죄악임을 알아야 한다.

우리는 십계명 가운데 마지막 계명인 탐욕 금지의 계명이 다른 모든 계명들을 지켜내기 위해서 반드시 전제가 되어야 할 계명임을 알 수 있다. 하나님의 자리를 탐내는 것은 다른 신을 두거나 우상을 만드는 출발이 되고, 이웃집의 아내나 남편 또는 다른 이성을 탐내는 것은 간음의 출발이 되고, 타인의 재산을 탐내는 것은 도둑질의 출발이 되기 때문이다. 사실 탐욕 금지의 계명은 인간 내면의 심리 과정을 금지하는 것이라기보다 그 심리가 표현됨으로써 해를 당할 것을 보호하는 의미가 더 강하다. 인간은 본능적으로 모든 생각을 다 할 수 있지만, 본능대로 행동하지 않고 스스로 자제할 수 있는 존재이다. 에릭 프롬의 용어로 말한다면, 인간은 소유적인 사람이 아니라 존재적인 사람이 되어야 모든 탐욕에서 자유로울 수 있다. 탐욕이란 처음부터 사람에 대한 사랑과는 거리가 멀다. 탐욕은 사랑해야 할 너(You)로서의 인간을 알지 못하고, 영원히 만족시킬 수 없는 그것(it)에 대한 과도한 자기 몫만을 요구한다. 그러나 만족할 수 없는 그것(it)에 집착하는 탐욕은 지혜롭지가 못하다. 하나님만이 우리의 모든 갈망을 근원적으로 만족시킬 수 있는 유일한 분이다. 그러므로 우리가 진정 갈망하고 소망해야 할 대상은 오직 하나님 한 분뿐임을 잊지 말아야 한다.

제2부
주 / 기 / 도

1. 기도로 사는 삶의 의미

2. 하늘에 계신 우리 아버지여

3. 하나님의 이름을 거룩하게 하소서

4. 하나님의 나라가 오게 하소서

5. 하늘에서 이룬 뜻을 땅에서 이루어 주소서

6. 오늘 우리에게 일용할 양식을 주소서

7. 우리의 죄를 사하여 주소서

8. 우리를 시험에 빠지지 않게 하소서

9. 우리를 악에서 구하소서

10. 나라와 권세와 영광이 아버지의 것입니다

11. 신앙의 아멘과 아멘의 삶

1. 기도로 사는 삶의 의미

나는 일이 너무 많기 때문에 하루에 세 시간씩 기도하지 않고는 견딜 수 없다(마틴 루터).

노동이 기도요, 기도가 노동이다(예수원).

항상 기뻐하십시오. 끊임없이 기도하십시오. 모든 일에 감사하십시오. 이것이 그리스도 예수 안에서 여러분에게 바라시는 하나님의 뜻입니다(살전 5:16-18).

1) 기도란 무엇일까?

기독교인들에게 기도는 삶의 일부이다. 우리는 아침에 일어나면 새날을 허락하신 하나님께 감사의 기도를 한다. 보다 열심 있는 성도들은 새벽기도회에 참석해서 하나님의 말씀을 들은 후에 개인과 가정, 교회와 일터, 국가와 민족, 나아가 세계 공동체를 위해서 기도한다. 우리는 하루 세끼의 식사를 할 때마다, 식사를 하는 순간까지 수고한 수많은 손길들, 무엇보다 생명과 일터를 비롯한 삶의 모든 조건을 아낌없이 제공해주신 창조주 하나님, 땀을 흘린 농부들과 먹거리 판매에 종사하고 있는 상인들, 음식을 먹을 수 있도록 만든 주부나 요리사들, 일해서 먹고살 수 있는 일터를 제공한 사주나 사장들을 기억하면서 감사한 마음을 담아 기도한다. 그리고 우리는 하루를 열심히 살고서 잠자리에 들기 전에 하루를 돌아보며, 기쁨과 보람과 감사의 마음으로 기도한다.

그러고 보면 우리 기독교인들에게 기도가 없는 삶은 상상할 수 없다. 우리는 흔히 기도란 하나님의 면전에서 하나님과 나누는 대화라고 말한다. 대화란 두 인격적인 주체 중 한쪽이 말할 때 다른 쪽은 귀를 기울여 듣고, 다른 쪽은 들은 내용에 대해서 자신의 말로 응답하는 것이다. 어느 한쪽이 일방적으로 말하고, 다른 쪽은 일방적으로

듣기만 할 때는 대화가 성립되지 않는다. 우리의 기도가 진정한 의미의 대화가 되려면, 먼저 하나님의 말씀을 듣고, 들은 하나님의 말씀에 대해서 자신의 감동이나 결단을 드러내야 한다. 물론 어린아이가 부모에게 일방적으로 떼를 쓰는 것처럼, 아직 신앙이 어린 기독교인들은 자신의 이해관계만을 하나님께 요구하기 위해서 기도하는 경향이 있다. 그러나 어린아이가 성장하면서 부모의 마음을 헤아리고 대화하듯이, 신앙이 성장하면 하나님의 뜻을 헤아리는 명실상부한 하나님과의 대화로 나아가는 것이 신앙 성숙의 과정이다.

그러므로 우리 기독교인들은 기도를 하지 않으면 안 된다. 부모와 자녀가 친밀한 관계를 유지하기 위해서 대화를 해야 하는 것처럼, 하나님 아버지와 하나님의 자녀 역시 친밀한 관계를 유지하기 위해서 대화는 필수적인 조건이 되기 때문이다. 그래서 주님 예수 그리스도께서는 하나님께 구할 것을 구하라고 가르치셨다. "구하여라, 주실 것이요, 찾아라, 찾을 것이요, 문을 두드려라, 열어 주실 것이다. 구하는 사람마다 받을 것이요, 찾는 사람마다 찾을 것이요, 문을 두드리는 사람에게 열어 주실 것이다"(마 7:7-8). 뿐만 아니라 시험에 빠지지 않도록 기도하라고 명령하셨다. "시험에 빠지지 않도록, 깨어서 기도해라"(마 26:41). 서신서의 기자들 역시 기도할 것을 권면했다. "끊임없이 기도하십시오"(살전 5:17). "정신을 차리고, 삼가 조심하여 기도하십시오"(벧전 4:7). 사실 기도는 우리 기독교인들에게 특권이기도 하다. 우주만물을 창조하시고 역사를 주관하시는 하나님을 "아빠, 아버지"라고 부르는 다정다감한 시간이고(롬 8:15), 아버지 하나님께 구한 것을 응답받는 통로가 되기 때문이다. "너희가 내 이름으로 아버지께 구하는 것은 무엇이나 받게 하려는 것이다"(요 15:16). "너희가 아버지께 구하는 것은, 무엇이든지 아버지께서 내 이름으로 주실 것이다"(요 16:23).

2) 무엇을 기도할까?

대개의 사람들은 기독교인이든 아니든, 종교가 있든 없든 자신의 한계 앞에 직면할 때면 기도한다. 중한 질병으로 고통을 당하거나 가까운 사람의 죽음을 경험할 때,

인간이 어찌할 수 없는 태산 같은 장벽이나 인생의 중대한 기로 앞에 설 때면 기도한다. 이처럼 인간은 자신의 이해 관계와 자기를 중심으로 한 사안을 내용으로 삼아서 기도한다. 그러나 주님 예수 그리스도께서는 다른 사람들에게 보이기 위해서 기도하는 위선자들과 빈말로 되풀이하여 기도하는 사람들을 책망하시고, "너희는 이렇게 기도하라" 말씀하시며 가장 모범적인 기도를 제자들에게 가르쳐 주셨다.

하늘에 계신 우리 아버지,

아버지의 이름을 거룩하게 하시며

아버지의 나라가 오게 하시며,

아버지의 뜻이 하늘에서와 같이 땅에서도 이루어지게 하소서.

오늘 우리에게 일용할 양식을 주시고,

우리가 우리에게 잘못한 사람을 용서하여 준 것같이 우리 죄를 용서하여 주시고,

우리를 시험에 빠지지 않게 하시고 악에서 구하소서.

나라와 권세와 영광이 영원히 아버지의 것입니다.

아멘.

성육신(Incarnation)하신 주님께서 제자들에게 가르쳐주신 주기도는 성(聖)과 속(俗)을 분리하지 않는 기도였다. 주님은 이 세상을 사랑하셔서 이 세상에 오신 하나님의 아들이시고, 모든 인간들과 피조물들이 살고 있는 이 세상에 하나님의 나라를 세우기 위해서 오셨다. 주님은 이 세상에 사는 죄된 존재들, 부끄러운 존재들, 이기적인 존재들, 더러운 존재들을 외면치 않으시고, 구원자로서 그들을 사랑으로 품기 위해 이 세상으로 오셨다. 주님은 하나님의 아들로서 거룩한 성(聖)의 차원을 지니셨고, 인간의 아들로서 속(俗)의 차원을 외면치 않으셨다. 주님에게 성과 속은 양자택일적인 것이 아니라 언제나 함께 가는 것이었다. 그러므로 주님께서는 세속을 성화시키기 위해서, 죄인을 의인되게 하기 위해서, 당신 스스로 성육신의 삶을 보여주시면서, 성(聖)과 속(俗)의 이중적 과제를 설정하도록 주기도를 가르치셨던 것이다.

주님 예수 그리스도께서는 당신께서 친히 가르치신 주기도를 통해서 하나님과의 신앙관계와 이웃과의 삶의 관계가 동시적인 관계임을 가르치셨다. 신앙의 관계와 삶의 관계 역시 주님에게는 분리될 수 없는 것이었다. 오늘을 사는 신앙인들의 문제는 이 둘을 분리하려는 데 있다. 우리는 신앙의 정체성에 몰두할수록 삶의 관계를 소홀히 하는 경향이 있고, 삶의 관계를 강조할수록 신앙의 정체성을 약화시키는 경향이 있다. 그러나 기독교 신앙이란 하나님과의 수직적인 차원에서 출발하는 정체성과 이웃과의 수평적인 차원으로 확장하는 관계성으로 이루어진다. 그러므로 삶의 관계성으로 표현되지 않는 기독교 신앙의 정체성은 이미 왜곡된 정체성이고, 정체성에 근거하지 않는 관계성은 이미 기독교 신앙이 아닌 것이다.

3) 어떻게 기도할까?

우리가 주님께서 가르치신 기도를 면밀하게 살펴보면, 주님은 하나님의 관심사와 인간의 관심사를 하나로 모으셨음을 알 수 있다. 하나님의 나라와 하나님의 뜻 그리고 하나님의 거룩한 이름은 인간을 인간되게 하는 하나님의 관심사이고, 일용할 양식과 용서 그리고 죄와 악의 문제는 하나님 앞에서 궁극적으로 해결되어야 하는 인간의 관심사이다. 우리가 제대로 기도하려면, 무엇보다 하나님의 뜻이 무엇인지를 질문해야 한다. 우리가 하나님의 뜻을 알기 위해서는 하나님의 말씀을 들어야 한다. 하나님의 말씀을 듣고, 하나님의 뜻을 확인했다면, 우리는 그에 상응한 삶을 실행해야 한다. 진정한 신앙은 다양한 생활 영역 가운데 추가되는 신앙생활이 아니라, 삶의 모든 영역을 규정하는 방향이자 에너지인 생활신앙이기 때문이다.

"노동이 기도요, 기도가 노동이다"라는 말이 있다. 인간은 노동을 해야 자신의 삶을 영위할 수 있는 것처럼 하나님 앞에서 기도하지 않고는 살 수가 없다. 또한 인간은 자신의 삶을 위해서 노동할 때, 기도하는 마음으로 노동해야 진정한 삶의 의미를 찾을 수 있다. 그러므로 우리는 노동처럼 감당해야 하는 구별된 기도의 시간을 가져야 하고, 기도하는 것처럼 노동을 감당해서 하나님의 뜻에 따르는 삶을 살아내야 한다. 우리는 기도가 자신의 원하는 것만을 일방적으로 요구하는 주문이 아니라, 하나님의 뜻을 찾아서 순종하는 삶의 원동력이자 과정임을 알아야 한다. 이제 우리는 말로 시작하는 기도로써 우리의 할 일을 다했다고 착각하지 말아야 하고, 하나님 앞에서 하나님의 뜻에 상응해 사는 삶으로써 우리의 기도를 지속해가야 할 것이다.

2. 하늘에 계신 우리 아버지여

주께서 손수 만드신 저 하늘과 주께서 친히 달아 놓으신 저 달과 별들을 봅니다... 주 우리의 하나님, 주의 이름이 온 땅에서 어찌 그리 위엄이 넘치는지요?(시 8:3,9)

주님은 하늘에서 굽어보시며, 사람들을 낱낱이 살펴보신다. 계시는 그 곳에서 땅 위에 사는 사람을 지켜보신다"(시 33:13-14).

1) 인간이 하나님을 부를 수 있다는 의미는 무엇일까?

인간은 하나님의 형상으로 지음 받은 하나님의 피조물이다. 인간이 창조주 하나님을 부를 수 있다는 것은 하나님의 엄청난 배려이다. 창조주 하나님과 인간의 간격은 인간과 개미의 간격보다 훨씬 더 크다. 왜냐하면 인간과 개미는 창조주 하나님의 동일한 피조물이지만, 창조주 하나님과 피조물 인간은 질적으로 다른 존재이기 때문이다. 그러나 하나님께서는 인간을 당신과 교감할 수 있도록 당신의 형상으로 지으셨다. 그래서 인간은 하나님을 일정 부분 대신하여 세상을 다스리는 청지기의 사명을 감당하는 것이다. 어찌 되었건 창조주 하나님께서 피조물 인간에게 당신의 형상을 부여하신 것은 하나님께서 스스로 낮아지신 첫 번째 사건이었다고 말할 수 있다.

이처럼 하나님께서는 피조물인 인간과 단절된 상태의 절대자로 머물기를 원치 않으셨고, 우리 인간을 사랑으로 부르셨을 뿐만 아니라, 우리 인간이 하나님을 감히 부를 수 있는 대화의 파트너로 삼으셨다. 우리가 한 국가의 대통령과 서로의 이름을 부를 수 있을 만큼 친근한 관계라고 한다면, 목에 힘을 줄만한 대단한 사람이라고 볼 수 있다. 오죽하면 사기꾼들 가운데 대통령과의 관계나 대통령 가족과의 관계를 사칭해서 부정부패와 비리를 도모하는 사람들이 나오겠는가? 그러므로 우리 인간이 하나님을 부를 수 있다는 것은 인간의 위상이 모든 피조물들 가운데 가장 특별하다는 것과 인간은 하나님과 대화를 할 만큼 존 엄한 존재라는 것을 의미한다.

2) 하나님께서 계신 하늘은 어디일까?

예수께서는 하나님을 하늘에 계신 분으로 말씀하셨다. 하나님께서 계신 하늘은 물리적인 공간으로서의 하늘은 아니다. 유인 우주선이 우주공간으로서의 하늘을 수없이 다녀왔지만, 우주인 가운데 그 누구도 하늘에서 하나님을 직접 만난 사람은 없었다. 여기서 우리는 예수께서 말씀 하신 하늘(Heaven)이 물리적인 공간으로서의 하늘(Sky) 과 동일한 공간이 아님을 알 수가 있다. 그런데 예수께서 는 왜 하필이면, 하나님이 계신 곳을 하늘이라고 말씀하 셨을까? 과학자들의 연구에 의하면, 우리가 경험하는 물 리적인 공간으로서의 하늘은 날마다 확장된다고 한다. 그 렇기 때문에 하늘 끝까지 다다를 수 있는 인간은 없고, 하 늘 전체를 다 알고 있다고 말할 수 있는 인간 역시도 없다. 마찬가지로 스스로의 노력으로 하나님에게 다가갈 수 있

는 인간도 존재하지 않고, 하나님을 다 알고 있다고 말할
수 있는 인간 역시도 존재할 수 없다.

그러나 이 세상에 사는 인간치고 하늘과 무관한 상태
로 살 수 있는 인간은 없다. 인간은 자신이 가는 어떤 곳에
서도 하늘과 직면한다. 인간은 산으로 가도 하늘에 직면
해 있고, 들로 가도 하늘에 직면해 있으며, 바다로 가도 하
늘에 직면해 있다. 이처럼 인간은 하나님을 피해서 하나
님과 관계없이 세상에서 살아갈 다른 재간이 결코 없다.
우리와 함께하시는 내재적인 하나님은 우리 인간과 한 순
간도 예외 없이 구체적인 관계를 맺고 계시다는 말씀이다.
우리가 하나님의 초월성과 내재성을 설명하는데 있어서
하늘보다 더 좋은 비유를 찾을 수 있을까? 그러므로 하나
님께서는 하늘(Sky)에 계신 것이 아니라, 하나님께서 계
신 곳이 오히려 하늘(Heaven)이라고 말해야 할 것이다.

다시 말하면 우리와 함께 하시는 임마누엘의 하나님께
서는 인간이 사는 땅에서 인간과 함께 하시기 때문에 땅은
하나님의 하늘이다. 우리는 인간이 사는 땅이 인간만의

공간이 아니라 하나님도 함께 하시는 하나님의 공간이기
도 함을 알아야 한다. 그렇지만 하나님께서는 인간의 땅
과는 근원적으로 다른 하나님만의 초월적인 공간에도 존
재하신다. 인간이 결코 접근할 수 없는 하나님만의 공간,
초월적인 공간 또한 하나님의 하늘이다. 우리는 하나님이
계신 하늘이 인간이 사는 땅의 공간과 인간이 접근할 수
없는 초월의 공간 모두를 포함한다는 사실을 기억해야 한
다. 그래야만 우리는 하나님의 초월적인 공간 앞에서 인
간의 자기한계를 인정할 수 있을 것이다. 또한 그래야만
우리는 하나님께서 함께 하시는 땅, 이 세상으로부터 도
피하는 것이 아니라, 하나님께서 계실만한 성스런 곳으로
가꾸고 씨름하는 과제를 설정할 수 있을 것이다.

3) 우리는 어떻게 하나님을 아버지라고 부를까?

우리의 세상 아버지는 우리를 낳아주신 분이다. 육신
의 아버지 없이 세상에 존재할 수 있는 생명은 없다. 하나
님께서는 생물학적인 부모를 통해서 우리 인간의 생명을
근원적으로 존재케 하신 창조주이시다. 그러나 하나님께

서는 인간을 창조하신 창조의 주인으로 다가오지 아니 하시고, 인간에게 가장 좋은 것을 채워주시고, 가장 필요한 곳으로 이끌어 주시는 사랑의 아버지로 다가오신다. 이 세상에 존재하는 모든 인간에게는 하나님이 아버지라는 사실에서 예외가 없다. 그러므로 아버지 하나님 앞에서 모든 인간은 서로가 서로에게 형제와 자매가 되는 것이다. 사실이 그러한데도, 형제자매인 인간이 상호간에 미워하고 시기하고 싸우고 해친다면, 그것은 하나님 아버지를 슬프게 하는 것이 될 것이다.

그러나 하나님 아버지 앞에서 인간만이 서로에 대해서 형제자매인 것은 아니고, 인간 이외의 다른 피조물(자연)과 인간 사이에도 넓게는 형제자매의 관계가 성립된다. 다른 피조물의 존재도 하나님으로부터 비롯되었고, 하나님께서는 그 피조물들에 대해서 '보시기에 좋았다'며 존재 이유를 보증하셨기 때문이다. 성 프란치스는 모든 피조물에 대한 사랑의 찬가 '태양의 노래'에서 다른 모든 피조물들을 형제자매라고 부르면서, 우주 전체가 형제자매의 사랑 안에 가족을 이루어서 하나님을 찬미할 것을 노래했다.

그러므로 우리는 다른 인간에 대해서는 물론이고, 인간의 무한한 욕망으로 고통 가운데 한탄하는 자연에 대해서도 형제자매로서 평화롭게 더불어 살아야 할 것이다.

4) 하나님이 우리 모두의 아버지이신 이유는 무엇일까?

하나님은 우리 모두의 아버지 하나님이시다. 나만의 아버지 하나님이 아니라 나와 너를 아우르는 우리의 아버지 하나님이시고, 인간과 다른 피조물(자연) 모두를 아우르는 우리의 아버지 하나님이시다. 하나님은 어느 누구에게도 개별적으로 독점될 수 있는 하나님이 아니시다. 어떤 인간이 하나님을 독점하려고 할 때, 스스로는 하나님처럼 되고, 다른 인간을 인간 이하로 취급하게 되며, 다른 피조물(자연)은 도구화하여 존재 그 자체를 위협하게 된다. 우리의 아버지 하나님이 나만의 아버지 하나님으로 변질될 때, 하나님도 인간도 자연도 존재의 고유한 이유를 손상당하게 된다. 그러므로 우리는 하나님께서 나만을 배타적으로 사랑하는 아버지 하나님이 아니라, 수많은 다른 너도 동일하게 사랑하는 우리의 아버지 하나님이시며,

인간만을 배타적으로 사랑하는 하나님이 아니라, 자연도
포함해서 함께 사랑하는 우리 모두의 아버지 하나님이심
을 인식해야 한다.

3. 하나님의 이름을 거룩하게 하소서

모세가 하나님께 아뢰었다. "제가 이스라엘 자손에게 가서 '너희 조상의 하나님께서 나를 너희에게 보내셨다' 하고 말하면, 그들이 저에게 '그의 이름이 무엇이냐?' 하고 물을 터인데, 제가 그들에게 무엇이라고 대답해야 합니까?"

하나님이 모세에게 대답하셨다. "나는 곧 나다. 너는 이스라엘 자손에게 이르기를, '나'라고 하는 분이 너를 그들에게 보냈다고 하여라."

하나님이 다시 모세에게 말씀하셨다. "너는 이스라엘 자손에게 이르기를 여호와, 너희 조상의 하나님, 곧 아브라함의 하나님, 이삭의 하나님, 야곱의 하나님이 나를 너희에게 보내셨다 하여라. 이것이 영원한 나의 이름이며, 이것이 바로 너희가 대대로 기억할 나의 이름이다"(출 3:13-15).

1) 하나님의 이름의 의미는 무엇일까?

어떤 사이비 기독교 단체는 하나님의 이름이 무엇인지 아느냐고 질문하는 것으로써 기독교인들과의 접촉을 시도한다. 대부분의 기독교인들은 하나님의 이름에 대해서 특별히 생각해본 적이 없기 때문에 하나님의 이름을 물으면, 하나님의 이름은 하나님이지 하나님의 이름이 따로 있을까 생각하면서 몹시 당황해한다. 이때를 틈타기 위해서 의도적으로 질문한 사이비 기독교도는 '하나님의 이름이 무엇인지도 모르면서 무슨 기독교신자냐', '기존 교회는 올바른 신앙 위에 있지 않기 때문에 제대로 된 신앙을 가르쳐 줄 수 없다', '이제라도 성경을 올바로 체계적으로 깊이 있게 공부하자'며 기독교인들을 유혹하고 있다.

출애굽기 3장을 보면 모세를 부르시는 하나님과 하나님의 부르심에 나아가는 모세가 등장하고 있다. 하나님께서 모세에게 이스라엘 자손을 애굽에서 인도하여 내라는 사명을 부과하실 때, 모세는 자신을 보내신 하나님을 이스라엘 자손에게 무어라고 소개할지 걱정하면서 하나님의 이름을 묻는다. 그때 하나님께서는 당신의 이름을 "나는 스스로 있는 자다"(출 3:14)라고 말씀하시며 "여호와, 너희 조상의 하나님, 곧 아브라함의 하나님, 이삭의 하나님, 야곱의 하나님이 보내셨다 하여라"(출 3:15)라고 대답하신다. 바로 여기서 우리는 하나님의 이름이 '여호와'임을 알 수가 있다.

그렇다면 여호와는 어떤 의미를 담고 있는 것일까요? 우리는 하나님께서 당신의 이름을 알려주실 때 하신 말씀에서 그 의미의 단초를 발견할 수 있다. 하나님의 이름, 여호와는 '스스로 있는 자'로서 '다른 모든 피조물을 존재하도록 한 존재', 또는 '다른 원인 없이 스스로 존재하는 참된 창조자' 등의 의미를 담고 있다. 그리고 하나님의 이름 여호와는 '아브라함, 이삭, 야곱 등 이스라엘 족장들의 삶 가운데 구체적으로 개입하셨던 존재'로서 '지금도 살아계셔서 인간의 구체적인 삶과 역사를 주관하시는 분'이라는 의미를 지닌다고 말할 수 있다.[2]

---

2 파스칼은 자신이 새로 태어난 날, 1654년 은혜의 해, 11월 23일 월요일 밤 10시부터 12시 30분 사이에 "아브라함의 하나님, 이삭의 하나님, 야곱

우리는 세상에 존재하는 모든 것이 하나님의 창조로 인해 생겨난 피조물임을 알고 있다. 세상의 어느 것도 스스로 존재하는 것은 없다. 창세기를 보면, 아담이 모든 피조물의 이름을 명명했다고 기록하고 있다. "주 하나님이 들의 모든 짐승과 공중의 모든 새를 흙으로 빚어서 만드시고, 그 사람에게로 이끌고 오셔서, 그 사람이 그것들을 무엇이라고 하는지를 보셨다. 그 사람이 살아 있는 동물 하나하나를 이르는 것이, 그대로 동물들의 이름이 되었다. 그 사람이 모든 집짐승과 공중의 새와 들의 모든 짐승에게 이름을 붙여 주었다"(창 2:19-20a). 이는 창조주 하나님께서 당신의 형상으로 창조하신 인간을 청지기로 삼아 다른 모든 피조물에 대해 사랑 가운데 책임 있게 살도록 규정하셨다는 의미이다. 그러나 세상에 존재하는 모든 이름 가운데 하나님의 이름만은 인간이 지은 이름이 아니라 하나님께서 스스로 알려주신 예외적인 이름이다. 이는 하나님

의 하나님. 철학자의 하나님, 학자의 하나님이 아니라 예수그리스도의 하나님, 나의 하나님, 감격, 환희, 감사, 기쁨, 평안, 나의 하나님. 하나님 외에 이 세상 모든 것이 망각되었도다. 의로우신 아버지여 세상은 당신을 모르오나 나는 당신을 아옵나이다. 환희, 환희, 환희, 눈물, 눈물, 눈물"이라고 그의 저서 『팡세』에서 고백한 바가 있다.

이 스스로 당신을 알려주시기 전까지 그 누구도 하나님을 알 수 없는 동시에, 인간은 어떤 경우에도 하나님을 임의로 할 수 없다는 것을 의미한다.

2) 왜 하나님의 이름을 거룩하게 해야 할까?

우리나라 사람들은 어른의 이름을 아무렇게나 부르지 않다. 우리는 자신의 아버지를 소개할 때 아버지의 이름이 '홍길동'이라면, "제 아버지의 존함은 '홍' '길'자 '동'자 되십니다"라며 대단히 조심스럽게 소개한다. 히브리 사람들 역시 하나님의 이름을 감히 자신의 입에 담지 못할 만큼 조심스러워했다. 그들은 이름과 존재를 동일시하는 습관이 있었기 때문이다. 히브리 사람들이 오죽이나 하나님을 조심스러워 했으면, 하나님의 이름 여호와 또는 야웨의 음가(音價)조차 상실하고 말았을까요?3 성경에 나오는

---

3 '여호와'라는 이름은 히브리어 자음 YHWH에 하나님이 두려워 본래의 단어를 대체해서 읽었던 주님이라는 단어 adonai의 모음을 조합해서 음가를 만든 이름이다. 그러나 학자들의 연구에 의하면 히브리어의 언어 습관과 용례에 비추어 볼 때 '야웨'가 보다 정확한 음가로 추정된다고 한다. 어쩌든 성경에 따라서 어떤 성경은 '여호와'로, 어떤 성경은 '야웨'로 표기하

'거룩'이라는 말은 '구별된다'는 의미를 담고 있다. 하나님과 피조물은 어떤 경우에도 구별되며, 서로 혼돈될 수 없다. 그러므로 우리는 창조주 하나님을 당신이 창조하신 피조물처럼 간주하거나 격하시킬 수 없고, 어떤 피조물이라도 창조주 하나님으로 격상시킬 수 없는 것이다.

스스로 존재하는 창조주 하나님과 그 하나님에 의해 존재하게 된 피조물은 질적으로 다른 것이다. 그런데 누군가 하나님의 이름을 자기 마음대로 부르려는 것은 대개 자신의 이해관계와 목적을 얻어내려고 할 때이다. 동서고금의 역사를 보면, 세상의 권력자들이 하나님의 이름을 쉽게 불렀다. 자신은 보통 사람들과 달리 하나님의 아들 신자(神子)라고 하거나, 하늘의 아들 천자(天子)라고 지칭했고, 자신의 욕망을 강제적으로 관철시키기 위해서 자신의 뜻을 하나님의 뜻과 결부시켜 미화했다. 보통 사람들 역시 자신의 인간적인 필요와 소원을 요구하기 위해 하나님의 이름을 마음대로 불러댔다. 그러나 하나님에 의해

고 있는 것이 현재의 실정이다.

존재하는 피조물, 특히 인간은 자신을 존재하도록 하신 창조주 하나님 앞에서 그분의 의도에 상응한 존재로서 그분이 창조하신 모든 피조물을 그분의 뜻대로 관리하는 청지기로 살아야 하는 존재일 뿐, 자신의 욕망을 성취하기 위해 하나님을 도구화하는 일이 없어야 한다.

물론 창조주 하나님은 인간을 사랑하셔서 당신의 형상으로 인간을 창조하셨고, 자기중심적으로 사는 죄된 인간을 외면치 않으시고 세상으로 찾아오셨다. 그러나 창조의 질서를 고려하면, 창조주 하나님으로 인해 존재하게 된 인간이 하나님을 위해서 존재하는 것이 우선이지, 하나님께서 인간을 위해 존재하시는 차원은 그 다음인 것이 옳다. 그러므로 인간은 "금 나와라, 은 나와라" 식으로 자신의 욕망을 하나님께 일방적으로 요구하기 전에 하나님의 뜻이 무엇인지를 찾고 순종하며 사는 존재가 되어야 한다. 우리는 하나님께서 피조물과 구별된 존재로 인정될 때, 구별된 하나님이 모든 피조물의 존재를 보증하심을 알 수 있다. 절대자이신 하나님만이 세상의 모든 피조물을 상대화할 수 있고, 상대자 피조물로 구성된 세계 안에 살고 있는 인간은 스스로 절대화되려는 투쟁을 하나님 앞에서 멈출 수 있을 것이기 때문이다.

3) 하나님의 이름을 어떻게 거룩하게 할 수 있을까?

우리 주변에는 입으로는 하나님의 이름을 부르지만, 실제로는 하나님 없이 사는 사람들이 종종 있다. 그들은 하나님의 이름을 부르짖지만, 하나님을 두려워하지 않고 자기 멋대로 사는 사람들이다. 그들은 자신의 욕심을 추구하면서도 그것을 하나님의 뜻이라고 왜곡하는 사람들이다. 그들은 외형적으로는 유신론자 같지만, 사실은 무신론자와 다름없다. 차라리 이론적인 무신론자들은 하나님을 경험하면서 진정한 신앙인으로 변화될 수가 있지만, 겉으로만 신앙인으로 행세하는 실천적인 무신론자들은 진정한 신앙인이 되는 것이 오히려 어렵다. 그들은 사실 신앙인이 아니면서도 스스로 신앙인이라고 자가당착(自家撞着)하고 있기 때문이다.

한편 하나님의 자녀라고 스스로 고백하는 사람이 하나

님의 자녀답게 살지 않는다면, 이는 하나님의 이름을 부끄럽게 하는 것이다. 자식의 부끄러움은 언제나 부모의 부끄러움이 된다. 이웃에 개망나니처럼 사는 누가 있으면, 동네 사람들은 당장 "그 놈의 애비 애미가 누구야?"라며, 당사자보다도 부모를 나무라지 않는가? 그러므로 우리는 하나님의 자녀다운 삶을 통해서 하나님의 이름을 거룩하게 해야 하고, 하나님의 이름 이외에 다른 이름들, 예를 들면 돈이나 권력, 또는 명예 등이 하나님을 위한 것이 되도록 하면서 살아야 한다.

4. 하나님의 나라가 오게 하소서

요한이 잡힌 뒤에, 예수께서 갈릴리에 오셔서, 하나님의 복
음을 선포하셨다. '때가 찼다. 하나님의 나라가 가까이 왔다.
회개하여라. 복음을 믿어라'(막 1:14-15).

나는 새 하늘과 새 땅을 보았습니다. 이전의 하늘과 이전의
땅이 사라지고, 바다도 없어졌습니다. 나는 또, 거룩한 도시
새 예루살렘이 남편을 위하여 단장한 신부와 같이 차리고,
하나님께로부터 하늘에서 내려오는 것을 보았습니다. 그 때
에 나는 보좌에서 큰 음성이 울려 나오는 것을 들었습니다.
'보아라, 하나님의 집이 사람들 가운데 있다. 하나님께서 그
들과 함께 계실 것이요, 그들은 하나님의 백성이 될 것이다.
하나님께서는 친히 그들과 함께 계시고, 그들의 눈에서 모
든 눈물을 닦아 주실 것이니, 다시는 죽음이 없고, 슬픔도 울

부짖음도 고통도 없을 것이다. 이전 것들이 다 사라져 버렸기 때문이다.' 그 때에 보좌에 앉으신 분이 말씀하셨다. '보아라, 내가 모든 것을 새롭게 한다.' 또 말씀하셨다. '기록하여라. 이 말은 신실하고 참되다.' 또 나에게 말씀하셨다. '다 이루었다. 나는 알파와 오메가, 처음과 마지막이다. 목마른 사람에게는 내가 생명수 샘물을 거저 마시게 하겠다. 이기는 사람은 이것들을 상속받을 것이고, 나는 그의 하나님이 되고, 그는 내 자녀가 될 것이다'(계 21:1-7).

1) 하나님의 나라는 어떤 곳일까?

근대 이전의 세계에는 수많은 왕국이 존재했다. 왕국은 왕이라는 절대 권력자가 다스리는 나라였다. 왕의 절대 권력을 무시하거나 항거할 수 있는 다른 세력은 대개 존재하지 않았다. 물론 백성의 봉기로 왕이 폐위되는 경우가 없지는 않았지만, 그러한 경우는 드물었다. 하여튼 왕국은 한 왕의 다스림이 미치는 모든 영역을 일컫는데 사용되었다. 때문에 어느 왕국의 왕이 자기 왕국 아닌 다른 왕국의 백성을 다스릴 수는 없었다. 두 왕의 왕권이 서로

충돌할 수밖에 없기 때문이다. 그래서 왕들은 전쟁을 통해서 자신의 다스림의 영역을 더욱 확장하고자 했다. 고대 사회에서 전쟁이 빈번했던 이유는 왕권을 확장하고자 했던 왕과 측근들의 욕망에서 비롯되었던 것이다.

하나님의 나라는 하나님께서 사랑으로 다스리시는 나라이다. 하나님의 나라는 하나님의 사랑이 드러나는 곳에 존재하며, 하나님의 사랑에 응답해서 사랑으로 살고자 하는 사람들의 삶의 자리에서 생겨난다. 하나님의 나라는 우리가 "여기 있다 혹은 저기 있다"는 식의 가시적이고 지리적인 개념만으로 이해하기는 어려운 나라이다. 그래서 예수께서는 "하나님의 나라는 너희 가운데 있다"(눅17:21)라고 말씀하심으로써 하나님의 나라를 지리적인 차원으로 설명하기보다는 옛것을 새것으로, 질병을 건강으로, 불의를 정의로, 전쟁을 평화로 변혁시키는 하나님의 능력과 권위가 사건화 되는 차원에서 설명하셨다.

예수께서는 제자들에게 하나님 나라의 비유를 자주 말씀하셨다. 그 가운데 겨자씨 비유는 하나님의 나라가 역사 속에서 어떻게 확장되어 왔는지를 여실히 설명하고 있다(마13:31-32). 겨자씨는 우리가 손으로 집어 들기가 어려울 정도로 작은 씨앗이다. 이스라엘 성지순례를 다녀오신 분들이 종종 비닐봉지에 들어있는 겨자씨를 성지순례 기념으로 선물한다. 몇 알을 흘으려 놓고 집어보려 하면 쉽지가 않다. 손가락에 침을 묻혀야 겨우 집을 수 있는 것이 겨자씨이다. 그러나 겨자씨를 땅에 심으면 싹이 트고 자라나 공중의 새들이 깃들 만큼 크게 성장한다고 한다. 세상적인 기준에서 보자면 예수는 베들레헴의 말구유에서 초라하게 태어나셨고, 갈릴리 나사렛의 목수로서 생계를 유지하던 별 볼일이 없는 분이셨다. 그분이 하나님의 나라를 선포했을 때 가난하고 병들고 소외되고 죄인으로 취급받던 무리들 정도가 그 주변을 맴돌았을 뿐이다. 특히 그분과 동고동락했던 열두 제자들의 면면 역시도 그리 보잘 것이 없었다. 그러나 초대 교회 성도들이 핍박을 받고 순교를 당하는 과정을 거치면서 예수 그리스도를 따르는 사람들이 세계 도처로 퍼져나갔고, 지금은 세계 인구 69억 가운데 1/3 이상의 사람들이 예수께서 전한 하나님의 나라를 소망하며, 예수 그리스도의 삶과 교훈을 자기 존재의 의미로 삼아서 살고 있는 것이다.

　성경과 기독교 전통은 하나님의 나라가 인간이 상상할 수 있는 가장 좋은 곳보다 더 좋은 곳이라고 묘사하고 있다. 그러나 하나님의 나라는 외형적인 조건 이전에 하나님과의 관계 자체에 그 기초가 놓여있다고 말할 수 있다. 인간 최고의 삶의 환경 속에도 지옥이 있을 수 있고, 인간 최악의 조건 속에도 하나님의 나라가 있을 수 있기 때문이다. 인간이 살 수 있는 최고의 조건이었던 에덴동산에서 아담과 하와는 하나님과의 관계를 상실하고 죄인이 되었지만, 인간이 살기에 최악의 조건이었던 광야에서 예수는 하나님과의 관계를 붙잡고 하나님의 형상을 회복하신 것을 보면 그렇다. 이스라엘 백성들이 척박한 가나안 땅을 "젖과 꿀이 흐르는 땅"으로 명명했던 것도 같은 이치였다고 말할 수 있다. 그러므로 하나님의 나라는 무엇보다 하나님과 관계를 유지하고, 하나님의 다스림을 받는 사람들이 살아가는 삶의 모든 자리에 존재한다고 보아야 한다.

2) 하나님의 나라는 언제 도래하는가?

성경을 보면 예수의 오심으로 하나님의 나라는 이미 시작되었다고 하고, 예수의 다시 오심으로 하나님의 나라는 완성될 것이라고 한다(눅 4:21, 눅 21:27). 하나님의 나라가 이미 시작되었다는 것은 하나님 나라의 현재적인 차원을 의미하고, 하나님의 나라가 완성될 것이라는 것은 하나님 나라의 미래적인 차원을 의미한다. 우리는 하나님의 나라를 이미 시작된 현재적인 차원과 완성될 미래적인 차원을 동시에 고려해야 온전하게 이해할 수 있지, 양자택일적인 것으로 생각하면 곧바로 오해를 일으키게 된다. 하나님의 나라에 미래적인 차원이 없고 현재적인 차원만 있다면, 인간의 삶은 궁극적인 방향을 상실할 뿐 아니라, 상대적인 세상이 절대화 되는 어리석음을 범할 수 있다. 세상에 유토피아를 세우려는 인간의 시도들이 여기에서 비롯된다. 반면에 하나님의 나라에 현재적인 차원이 없고 미래적인 차원만 있다면, 지금 여기에서 하나님의 다스림을 받아야 하는 인간의 본분을 배제할 뿐만 아니라, 인간이 감당해야 하는 모든 책임을 하나님에게 전적으로 넘기는 어리석음을 범할 수가 있다. 칼 마르크스가 "종교를 민중의 아편"이라고 명명한 것이 바로 기독교의 이러한 점에서 비롯된다.

예수께서는 하나님의 나라가 인간이 하나님을 인정하고 하나님의 다스림을 수용하는 순간 곧바로 시작되는 나라임을 가르치셨다. "내가 하나님의 능력으로 귀신을 내쫓는 것이면, 하나님의 나라가 너희에게 (이미) 왔다"(눅 11:20). 그러나 예수께서는 하나님의 나라가 하나님께서 원하시는 때에 오직 하나님의 능력으로 인간이 예측할 수 없는 시간에 완성된다는 사실도 동일하게 가르치셨다. "그러나 그 날과 그 때는 아무도 모른다. 하늘의 천사들도 모르고, 아들도 모르고, 오직 아버지만 아신다. 조심하고, 깨어 있어라. 그 때가 언제인지를 너희가 모르기 때문이다"(막 13:32-33). 그러므로 우리는 역사 속에 등장했던 열광주의자들은 스스로의 노력으로 하나님의 나라를 이 세상에 세우고자 노력했던 사람들이고, 열렬한 경건주의자들은 이 세상을 변화시켜야 하는 인간의 책임을 하나님 나라에다 무책임하게 전가했던 사람들임을 진지하게 기억해야 한다. 이제부터 우리는 이미 시작된 하나님의 나라와 완성될 하나님의 나라 사이의 긴장관계를 유지하고, 하나님의 선물로 주어질 완성될 하나님의 나라를 소망하면서 그 나라에 가까운 정의와 평화의 세상을 지금 여기에 근사치적으로 만들어가는 노력을 감당해야 한다. 이처럼 시작된 하나님의 나라는 세상의 가장 근원적인 희망으로 어떤 불의에도 굴복당하지 않게 하는 하나님의 능력이고, 완성될 하나님의 나라는 모든 인간이 영원토록 추구해야 하는 삶의 궁극적인 방향이 되는 것이다.

3) 하나님의 나라를 위해서 우리가 할 일은 무엇일까?

우리가 신앙하는 예수께서는 과거에 하나님의 나라를 선포(Proclaimer)하셨고, 현재에 하나님의 나라를 그분을 따르는 제자들과 함께 실현(Bringer)하고 계시며, 미래에 하나님의 나라를 종말론적으로 완성(Consummator)하실 것이다. 예수에게 있어서 하나님의 나라는 그분의 메시지의 중심으로서 희망과 기쁨 그 자체였다. 그러므로 오늘을 살고 있는 우리는 미래적인 하나님의 나라를 위해 어떤 일을 하려고 하기보다는 현재적인 하나님 나라의 정의와 평화를 위해서 무언가를 해야 한다. 완성될 하나님의 나라는 현재적인 하나님 나라의 기준이자 방향이 될 수 있지만, 그것은 오직 하나님께서만 이루시는 영역으로서 우리가 할 수 있는 일은 아무 것도 없기 때문이다.

우리가 하나님의 나라를 말할 때, 어떤 경우에도 지금 경험되는 현재적인 하나님의 나라와 완성될 하나님의 나라는 서로 동일시될 수 없다. 세상이 끝날 때까지 미래에 완성될 하나님의 나라와 현재에 경험되는 하나님의 나라 사이에는 넘을 수 없는 간격이 있다. 이 넘을 수 없는 간격 때문에 우리 기독교인들은 어느 순간에도 '여기가 좋사오니'라는 방식으로 안주할 수가 없다. 이 세상에 존재하는 최고 최선의 수정자본주의 복지국가나, 설사 명실상부한 사회주의국가가 존재한다고 할지라도, 완성될 하나님의 나라에 비추어 보면, 여전히 부족한 부분이 있다. 그렇기 때문에 우리는 그 부족한 부분을 채우기 위해서 지금 여기에서 사랑으로 감당해야 하는 모든 노력을 감당해야 한다.

5. 하늘에서 이룬 뜻을 땅에서 이루어 주소서

내가, 형님들이 이집트로 팔아넘긴 그 아우입니다. 그러나 이제는 걱정하지 마십시오. 자책하지도 마십시오. 형님들이 나를 이곳에 팔아넘기긴 하였습니다만, 그것은 하나님이, 형님들보다 앞서서 나를 여기에 보내셔서, 우리의 목숨을 살려 주시려고 그렇게 하신 것입니다… 하나님이 나를 형님들보다 앞서서 보내신 것은, 하나님이 크나큰 구원을 베푸셔서 형님들의 목숨을 지켜 주시는 것이고, 또 형님들의 자손을 이 세상에 살아남게 하시려는 것입니다. 그러므로 실제로 나를 이리로 보낸 것은 형님들이 아니라 하나님입니다. 하나님이 나를 이리로 보내셔서, 바로의 아버지가 되게 하시고, 바로의 온 집안의 최고의 어른이 되게 하시고, 이집트 온 땅의 통치자로 세우신 것입니다(창 45:4b-5,7-8).

아바, 아버지, 아버지께서는 모든 일을 하실 수 있으시니, 내게서 이 잔을 거두어 주십시오. 그러나 내 뜻대로 하지 마시고, 아버지의 뜻대로 하십시오(막 14:36).

1) 하늘에서 이루어진 하나님의 뜻은 무엇일까?

우리는 성경을 하나님의 말씀이라고 고백한다. 우리는 하나님의 말씀인 성경을 통해서 하나님의 뜻을 발견한다. 우리는 성경이 하나님의 뜻을 조금도 부족함 없이 완전하게 담고 있음을 고백하고 있다. "성경은 그리스도 예수를 믿는 믿음으로 말미암아, 구원에 이르는 지혜를 그대에게 줄 수 있다. 모든 성경은 하나님의 영감으로 된 것으로, 교훈과 책망과 바르게 함과 의로 교육하기에 유익하다. 그것은 하나님의 사람으로 하여금 유능하게 하고, 온갖 선한 일을 할 준비를 갖추게 하려는 것이다"(딤후 3:15b-17).

그러나 어떤 집단은 성경이 하나님의 뜻을 모두 담아내지 못하고 있기 때문에 성경을 보완하는 새로운 경전이 필요하다고 말한다. 그러한 집단은 십중팔구 사이비 집단이거나 이단 집단인 경우가 많다. 대개 사이비 집단이나 이단 집단은 성경 이외에 그들만의 다른 경전을 갖고 있을 뿐만 아니라, 그 경전을 성경보다 더 중요한 것으로 여기고 있다.

창세기의 첫 장을 보면, 하나님께서 사람을 창조하신 원초적인 의도를 알 수 있다. "우리의 형상을 따라 우리의 모양대로 우리가 사람을 만들고, 그로 바다의 고기와 공중의 새와 육축과 온 땅과 땅에 기는 모든 것을 다스리게 하자"(창 1:26). 사람은 하나님의 형상으로 지음 받은 존귀한 존재이고, 땅 위의 다른 모든 피조물이 존재하도록 잘 다스려야 하는 청지기이며, 청지기의 직무를 제대로 수행하기 위해 다른 사람의 존귀함을 인정하면서 서로 협력하는 관계이어야 함을 이 구절은 명확하게 선언하고 있다. 사람을 창조하신 창조주 하나님의 창조 의도는 사람이라면 누구나 주시해야 할 하나님의 뜻이다.

마태복음 22장을 보면, 예수께서 온 율법과 예언서,

다시 말하면 성경 전체에 나타난 하나님의 궁극적인 뜻을 몇 마디로 요약하셨다. "'네 마음을 다하고 네 목숨을 다하고, 네 뜻을 다하여, 주 너의 하나님을 사랑하여라' 하셨으니, 이것이 가장 중요하고, 으뜸가는 계명이다. 둘째 계명도 이것과 같은데 '네 이웃을 네 몸 같이 사랑하여라' 한 것이다. 이 두 계명에 모든 율법과 예언자들의 본뜻이 달려 있다"(마 22:37b-40). 사람의 하나님에 대한 사랑은 자신을 창조하신 하나님을 인정하는 데서 출발하고, 그분의 창조명령을 순종하는 것에서 완성된다. 이때 하나님 사랑과 이웃 사랑은 양자택일할 사항이 아니다. 하나님 사랑은 하나님을 사랑하는 만큼 하나님께서 사랑하시는 이웃을 사랑하는 것으로 확장되기 때문이다. 하나님을 사랑한다고 하면서 이웃을 사랑하지 않는 것은 하나님과 스스로를 기만하는 것이다. "사랑하는 여러분, 서로 사랑합시다. 사랑은 하나님께로부터 오는 것입니다. 사랑하는 사람은 다 하나님에게서 났고, 하나님을 압니다. 사랑하지 않는 사람은 하나님을 알지 못합니다. 하나님은 사랑이시기 때문입니다. 하나님의 사랑이 우리에게 이렇게 드러났으니, 곧 하나님께서 당신의 독생자를 세상에 보내 주셔서, 우

리로 하여금 그로 말미암아 살게 해주신 것입니다. 사랑
은 여기에 있으니, 곧 우리가 하나님을 사랑한 것이 아니
라, 하나님께서 우리를 사랑하셔서, 당신의 아들을 보내
주시고, 우리의 죄를 속하여 주시려고, 속죄제물이 되게
해주신 것입니다. 사랑하는 여러분, 하나님께서 이렇게까
지 우리를 사랑하셨으니, 우리도 서로 사랑해야 합니다"
(요일 4:7-11).

아담 이래로 사람들은 하나님의 창조명령에 순종하지
않았을 뿐만 아니라 하나님 사랑도 이웃 사랑도 외면한
채, 스스로 하나님이 되어 살고 있는 형편이다. 성경은 하
나님과 관계를 단절한 사람, 그래서 자기중심적으로 사는
사람을 죄인이라고, 또는 죽은 자라고 말한다. 그러나 예
수는 죄인을 의인되도록 하기 위해서, 죽은 자를 살리기
위해서 하나님으로부터 보냄을 받은 분이셨다. "나를 보
내신 분의 뜻은 내게 주신 사람을 내가 한 사람도 잃어버
리지 않고, 마지막 날에 모두 살리는 일이다"(요 6:39). 이
처럼 하나님의 뜻은 자기중심적인 사람을 하나님을 사랑
하고 이웃을 사랑하는 사람으로 질적으로 전환시켜 영생

을 누리며 살도록 하는 데 있다. 영생은 죽어서 이어지는 삶이 아니라 영생에 잇대어 사는 지금 여기에서 시작되는 삶이다.

여기서 우리가 구원받은 자, 혹은 영생을 누리는 자에 대해서 기계적인 예정론을 운운하게 되면, 우리는 하나님의 뜻과 무관한 운명론의 위험에 빠질 수가 있다. 운명론은 인간의 자유와 책임을 배제하고, 모든 책임을 하나님에게 돌리기 때문이다. 원래 예정론의 초점은 아직 구원받지 못한 자에게 있는 것이 아니고, 하나님의 은총으로 이미 구원받았음을 고백하는 자에게 있다. 그는 하나님과 단절된 관계로부터 회복된 것이 너무 기뻐서 하나님께 "나같이 부끄러운 죄인을 이미 오래 전에 구원해주시기로 예정해주셔서 감사한다"라고 고백하는 것이다. 우리는 은총의 하나님께서 세상의 누구에게라도 이러한 고백이 나올 수 있게 되기를 원하신다는 것을 기억해야 한다.

2) 왜 하나님의 뜻이 땅에 이뤄지도록 간구해야 할까?

우리가 사는 땅에 하나님의 뜻이 이미 이루어졌다면, 예수께서는 우리에게 이 간구를 가르치지 않으셨을 것이다. 이 간구는 지금 우리가 사는 땅이 하나님의 뜻을 행하고 있지 않으며, 많은 사람이 땅에서 하나님의 뜻을 반역하고 있음을 함축한다. 우리는 이 땅에서 일어나는 모든 사건들이 전적으로 하나님께서 뜻하신 것의 결과라고만 말할 수는 없다. 수천만의 아프리카 흑인들이 유럽과 북아메리카에 노예로 끌려가서 인간 이하의 취급을 받은 것은 하나님의 뜻이 아니라 노예상인과 자본가들의 경제적 욕심의 발로였다. 히틀러 정권에 의해 유태인 600만이 학살된 것은 하나님의 뜻이 아니라 독일인들의 민족적 오만의 발로였다. 미국 뉴욕의 세계무역센터 건물에 테러가 일어난 것은 하나님의 뜻이 아니라 미국인들과 이슬람 계통의 근본주의자들 사이에 존재하던 정치적 갈등의 발로였다. 한마디로 하나님의 뜻이 땅에서 외면되고, 죄인인 인간의 뜻이 우선될 때, 땅은 항상 아수라장이 되었습니다. 그러므로 인간 자신과 모든 피조물의 생존 자체를 위해서라도 우리는 창조주 하나님의 뜻을 절실하게 간구해야 한다.

사실 하늘에서 이룬 하나님의 뜻은 창조 당시 이미 땅의 세상을 전제하고 있었고, 땅의 세상은 하늘에서 이룬 하나님의 뜻을 지향해야 하는 역동적인 관계 안에 있었다. 하늘은 인간이 지향해야 하는 영원한 가능태이고, 땅은 인간이 살고 있는 현실태이다. 하나님의 공간 하늘과 인간의 공간 땅은 결코 동일한 공간일 수가 없다. 하나님은 인간의 공간인 땅에서 인간과 함께하실 수가 있지만, 인간은 하나님의 공간인 하늘에서 하나님과 아직은 함께할 수 없기 때문이다. 그러나 인간의 공간 땅은 하나님의 공간 하늘의 가능태에 가장 근접한 현실태가 되도록 해야 한다. 몰트만(J. Moltmann)이라는 독일의 신학자는 이러한 사실을 다음과 같이 말한 바가 있다. "하나님은 먼저 세계의 현실을 위한 가능성을 자기에게 만든다. 그 다음에 그는 긍정적인 가능성의 나라로부터 창조하면서, 형성하면서 그리고 활동하면서 현실의 나라로 들어간다. 이 창조적 활동은 하늘로부터라는 방향을 통하여 표현된다."[4] 그러므로 우리는 하늘로부터 땅의 현실을 지향하는 하나님의 뜻을 직시하고, 그 뜻이 땅에서 이루어지도록 간구해야 하는 것이다.

3) 하나님의 뜻을 땅에서 어떻게 이룰 수 있을까?

무엇보다 우리는 하나님의 뜻이 무엇인가를 정확히 알아야 한다. 우리가 하나님의 뜻을 알지 않고서야, 어찌 하나님의 뜻을 온전히 이루는 행동을 할 수 있겠는가? 하나님께서는 성경을 통해서 당신의 궁극적인 뜻을 확실하게 밝히셨다. 물론 하나님께서는 때로는 자연현상을 통해서, 때로는 역사적인 사건을 통해서, 때로는 인간의 경험과 이성을 통해서 당신의 뜻을 밝히기도 하신다. 그러나 성경이야말로 하나님의 뜻을 가장 완전하게 드러내는 근원이다. 그러므로 우리가 하나님의 뜻을 확인하는 첫 번째 길은 바로 성경읽기에 있다. "주의 말씀, 그 맛이 내게 어찌 그리도 단지요? 내 입에는 꿀보다 더 답니다. 주의 법

---

4 J. Moltmann, Gott in der Schöpfung, 김균진 역, 창조 안에 계신 하나님 (병천: 한국신학연구소, 1990), 203.

도로 내가 슬기로워지니, 거짓된 길은 어떤 길이든지 미워합니다. 주의 말씀은 내 발의 등불이요, 내 길의 빛입니다"(시 119:103-15).

그리고 우리는 우리가 살고 있는 삶의 자리, 땅이 어떤 현실 가운데 있는지를 간파해야 한다. 우리가 하늘과 땅의 간격, 하나님의 뜻과 인간 뜻의 간격, 하나님의 뜻과 땅의 현실의 간격 등을 보아야, 그 간격을 좁혀나갈 수 있다. 우리가 하나님의 뜻에 비춰볼 때만이 땅의 문제가 무엇이고, 인간의 문제가 무엇인지를 알 수 있고, 또한 그 문제를 해결할 수가 있다. 칼 바르트(K. Barth)가 '한 손에 성경, 한 손에 신문'을 들라고 한 이유가 여기에 있다.

또한 우리는 이기적인 자신의 뜻보다 선하신 하나님의 뜻을 언제 어디서나 우선으로 삼아야 한다. 우리가 하나님의 뜻을 수행할 수 있는 능력과 의지를 얻기 위해서는 성령의 도우심을 간구해야 한다. "나는 비천하게 살줄도 알고, 풍족하게 살줄도 압니다. 배부르거나 굶주리거나, 풍족하거나 궁핍하거나, 그 어떤 경우에도 적응할 수 있는 비결을 배웠습니다. 나에게 능력을 주시는 분 안에서, 나는 모든 것을 할 수 있습니다"(빌 4:12-13). 나아가 우리는 세상의 풍조를 따르기보다는 하나님의 뜻을 이루어 드리는 도구로서 자신을 희생의 제물로 기꺼이 내어드려야 한다. "형제자매 여러분, 그러므로 나는 하나님의 자비하심을 힘입어 여러분에게 권합니다. 여러분은 여러분의 몸을 하나님께서 기뻐하실 거룩한 산 제물로 드리십시오. 이것이 여러분이 드릴 합당한 예배입니다. 여러분은 이 시대의 풍조를 본받지 말고, 마음을 새롭게 함으로 변화를 받아서, 하나님의 선하시고 기뻐하시고 완전하신 뜻이 무엇인지를 분별하도록 하십시오"(롬 12:1-2). 세상의 풍조, 넓은 문과 넓은 길을 포기하고, 십자가의 길, 좁은 문과 좁은 길을 가는 것이 예수께서 우리에게 원하시는 것임을 우리는 명심해야 한다. "좁은 문으로 들어가거라. 멸망으로 이끄는 문은 넓고, 그 길이 널찍하여, 그리로 들어가는 사람이 많다. 생명으로 이끄는 문은 너무나도 좁고, 그 길이 험해서, 그 곳을 찾아오는 사람이 별로 없다"(마 7:13-14).

6. 오늘 우리에게 일용할 양식을 주소서

날이 이미 저물었으므로, 제자들이 예수께 다가와서 아뢰었다. '여기는 빈 들이고 날도 이미 저물었습니다. 이 사람들을 흩어, 제각기 먹을 것을 사 먹게 근방에 있는 농가나 마을로 보내시는 것이 좋겠습니다.' 예수께서 '너희가 그들에게 먹을 것을 주어라' 하시니, 제자들이 '그러면 우리가 가서 빵 이백 데나리온 어치를 사다가 그들에게 먹이라는 말씀입니까?' 하였다(막 6:35-37).

나의 형제자매 여러분, 사람이 믿음이 있다고 말하면서도 행함이 없으면, 무슨 소용이 있겠습니까? 그런 믿음이 그를 구원할 수 있겠습니까? 어떤 형제나 자매가 헐벗고, 그 날 먹을 것조차 없는데, 여러분 가운데서 누가 그들에게, 평안히 가서 몸을 따뜻하게 하고, 배부르게 먹으라고 말만 하고,

몸에 필요한 것들을 주지 않으면, 무슨 소용이 있겠습니까?
믿음에 행함이 따르지 않으면, 그 자체만으로는 죽은 것입
니다."(약 2:14-17)

1) 일용할 양식은 무엇을 의미할까?

인간은 먹기 위해 사는 존재인지, 살기 위해 먹는 존재
인지 누군가가 질문한다면, 대답하는 사람은 자신의 가치
관에 따라서 다르게 대답할 것이다. 먹는 것에 우위를 두
는 사람은 무엇을 먹을까에 관심을 두고서 먹기 위해 산다
고 대답할 것이고, 사는 것에 우위를 두는 사람은 어떻게
살까에 관심을 두고서 살기 위해 먹는다고 대답할 것이다.
성서는 후자의 입장을 대변하는 것으로 보인다. "우리는
아무에게서도 양식을 거저 얻어먹은 일이 없고, 도리어
여러분 가운데서 어느 누구에게도 짐이 되지 않으려고,
수고하고 고생하면서, 밤낮으로 일하였습니다. 그것은 우
리에게 권리가 없어서가 아니라 우리 스스로가 여러분에
게 본을 보여서 여러분이 우리를 본받게 하려는 것입니다.
우리가 여러분과 함께 있을 때에 '일하기를 싫어하는 사람

은 먹지도 말라'고 거듭 명하였습니다. 그런데 우리가 들으니 여러분 가운데는 무절제하게 살면서 일은 하지 않고, 일만 만드는 사람이 더러 있다고 합니다. 이런 사람들에게 우리는 주 예수 그리스도 안에서 명하며, 또 권면합니다. 조용히 일해서, 자기가 먹을 것을 벌어서 먹도록 하십시오"(살후 3:8-12).

이 세상에 존재하는 모든 생물은 먹지 않으면 살 수 없다. 식물은 자양분을 공급받아야 살고, 동물은 먹거리를 먹어야 산다. 인간 역시 먹지 않고 살 길은 없다. 그런데 식물이나 동물은 자신에게 필요한 만큼의 자양분이나 먹거리가 충족되면, 그것으로 만족하고 그 이상을 추구하지 않는 반면에, 인간은 자신에게 필요한 양식이 충족되어도 만족하지 않고 '더 많은 것'을 얻으려는 노력을 멈추지 않는다. 오늘만의 양식만으로는 불안해서 내일의 것을 축적하고, 내일의 것을 축적했는데도 계속해서 내일 이후의 것을 축적하려는 것이 인간의 실상이다. 그래서 예수께서는 어리석은 부자의 비유를 말씀하셨다. "어떤 부자가 밭에서 많은 소출을 거두었다. 그래서 그는 속으로 '내 소출을 쌓아 둘 곳이 없으니, 어떻게 할까?' 하고 궁리하였다. 그는 혼자 말하였다. '이렇게 해야겠다. 내 곳간을 헐고서 더 크게 짓고, 내 곡식과 물건들을 다 거기에다가 쌓아 두겠다. 그리고 내 영혼에게 말하겠다. 영혼아, 여러 해 동안 쓸 많은 물건을 쌓아 두었으니, 너는 마음을 놓고, 먹고 마시고 즐겨라.' 그러나 하나님께서 그에게 말씀하셨다. '어리석은 사람아, 오늘 밤에 네 영혼을 네게서 도로 찾을 것이다. 그러면 네가 장만한 것들이 누구의 것이 되겠느냐?' 자기를 위해서는 재물을 쌓아 두면서도, 하나님께 대하여 인색한 사람은 바로 이와 같이 될 것이다"(눅 12:16b-21).

그리고 예수께서는 "내일 일을 걱정하지 말아라. 내일 걱정은 내일이 맡아서 할 것이다. 한 날의 괴로움은 그 날에 겪는 것으로 족하다"(마 6:34)라고 말씀하시면서, 하나님 없이 사는 이방 사람들처럼 1차원적인 의식주에 연연하는 불신앙을 주의하도록 당부하셨다. 사실 하나님께서 만드신 지구는 69억 세계 인구가 먹고 살기에 부족함이 없는 재화를 산출하고 있다. 그러나 적지 않은 사람들이 영양실조로 고통당하고 아사로 죽어가는 것은, 누군가가 자신의 필요 이상을 축적하고 있기 때문이다. 한쪽 부류의 사람들은 비만 걱정에 다이어트 하느라 여념이 없고, 음식물 쓰레기를 마구잡이로 배출하고 있다. 그런데 다른 쪽 부류의 사람들은 먹을 것 자체가 없어 죽어가는 불평등 가운데 있다.

도넬라 메도스가 가정한 "세계가 만일 100명의 마을이라면"이란 인터넷의 글에서 먹거리와 직접 관련된 글만을 추려서 인용해 본다.

지금 세계에는 63억의 사람이 살고 있다. 그런데 만일 그것을 100명이 사는 마을로 축소시키면 어떻게 될까? 20명은 영양실조이고, 1명은 굶어 죽기 직전인데, 15명은 비만이다. 이 마을의 모든 부 가운데 6명이 59%를 가졌고 그들은 모두 미국 사람이다. 또 74명이 39%를 차지하고, 겨우 2%에 대해 20명이 나눠가지고 있다. 75명은 먹을 양식을 비축해 놓았고 비와 이슬을 피할 집이 있지만 나머지 25명은 그렇지 못한다. 은행에 예금이 있고 지갑에 돈이 들어 있고 집 안 어딘가에 잔돈이 굴러다니는 사람은 마을에서 가장 부유한 8명 안에 드는 한 사람이다. 먼저 당신이 사랑하라. 이 마을에 살고 있는 당신과 다른 모든 이들을. 진정으로 나, 그리고 우리가 이 마을을 사랑해야 함을 알고 있다면 정말로 아직은 늦지 않았다. 우리를 갈라놓는 비열한 힘으로부터 이 마을을 구할 수 있을 것이다, 꼭.

아직은 우리가 세계 공동체 마을을 구하기에 늦지 않았다는 말이 이 글을 읽는 사람들의 마음을 두드리고 있다. 그런데 단 하나 사랑이라는 조건이 있다. 필요 이상을 가진 사람들이 자신의 것을 자발적으로 나누는 사랑이 요구되기 때문이다.

우리 주님 예수께서 기도를 통해 일용할 양식을 구하라고 가르치신 것은 인간의 무한한 욕망에 대한 제한이자 하나님에 대한 절대 신앙의 요구라고 이해된다. 이때 일용할 양식은 말 그대로 그 날 하루 동안 먹을 양식을 의미한다. 그 이상을 무리하게 추구하는 것은 다른 사람의 일용할 양식을 강탈하는 것이 되고, 욕망의 더러움을 방치하는 것이 되며, 우리의 삶을 책임지시는 하나님을 의심

하는 것이 된다. 이스라엘 백성들이 광야에서 생활할 때 하나님께서 날마다 만나와 메추라기로 먹이셨는데, 필요 이상으로 거둔 만나와 메추라기에서 악취가 나고 벌레가 생겨났던 것은 필요 이상의 '많은 양식'이 어떤 것인가 하는 실상을 보여주는 것이다.

그러나 예수께서 "사람이 빵으로만 살 것이 아니라 하나님의 입에서 나오는 모든 말씀으로 살 것이다"(마 4:4)라고 말씀하신 것은 하나님의 형상으로 지음 받은 인간이 동물과는 다른 존재임을 지시하는 것이다. 인간은 하나님의 말씀을 먹지 않고서 자기 삶의 의미와 목적을 확인할 수 없다. 인간은 하나님의 말씀을 먹어야만 자신이 먹기 위해 사는 존재가 아니라 하나님의 뜻대로 살아야 하는 존재임을 알 수가 있다. 인간이 동물과 다른 것은 일용할 육의 양식과 함께 영의 양식, 하나님의 말씀을 매일 먹지 않고서는 자기 본분을 다할 수 없는 존재라는 사실에 있다.

2) 왜 우리의 양식을 공동으로 간구해야 할까?

우리 주변에는 스스로 일용할 양식을 충족시킬 수 없는 사람들이 적지 않다. 어린아이들이나 노인들, 병든 자들이나 장애우들, 아직 취업을 하지 못했거나 실직한 사람들이 그러한 경우의 사람들이다. 대다수 취업한 성인들은 먹거리의 문제를 해결한 사람들이지만, 그렇지 못한 사람들은 먹거리 때문에 위협을 받고 있다. 그러나 이 세상에서 사는 사람들 가운데 '우리'로부터 제외될 수 있는 사람은 아무도 없다. 그러므로 우리 주변에 일용할 양식이 없는 사람이 있다면, 그 사람의 양식이 없음은 그 자신만의 책임이 아니라 우리 모두의 공동적인 책임임을 예수께서는 역설하신 것이다. 예수께서는 빈들에서 하늘나라의 메시지를 듣느라고 먹지 못해 고통당하는 사람들을 바라보시며, 제자들에게 "너희가 그들에게 먹을 것을 주어라"(막 6:37a)라고 명령하셨다. 그러므로 이미 일용할 양식을 누리고 사는 사람이라면 누구라도 아직 일용할 양식을 누리지 못하는 사람에 대해서 관심을 갖고 자신의 필요 이상을 나누지 않을 수 없다.

우리 가운데 혹시 자신에게 일용할 이상의 양식이 있다면, 그것은 일용할 양식이 없어서 고통당하는 어느 사람의 것임을 우리는 진지하게 기억해야 한다. 그것은 하나님께서 자신을 통해 그에게 나누어지도록 잠시 맡기신 것일 뿐이다. 성 바실(St. Basil the Great)은 일용할 양식과 관련해서 경고가 되는 엄청난 이야기를 이미 오래 전에 밝힌 바가 있다. "여러분의 집에서 썩고 있는 그 빵은 굶주린 이들의 것이다. 여러분의 침대 아래 곰팡내를 풍기고 있는 그 신발은 신발 없는 이들의 것이다. 여러분의 옷장에 쌓여 있는 그 옷은 헐벗은 이들의 것이다. 여러분의 금고에서 값이 떨어지고 있는 그 돈은 가난한 이들의 것이다."[5] 우리는 부자와 나사로의 이야기 역시 일용할 양식의 관점에서 다시 볼 필요가 있다(눅 16:19-25). 부자가 지옥에 간 이유는 부자가 나사로에게 직접적인 악을 행해서라기보다는 궁핍한 나사로에게 절실히 필요한 양식을 나누어줄 수 있는 위치에 있었음에도 불구하고, 그 상황을 외면했기 때문이라 여겨진다. 부자는 자신의 부가 일차적으

---

5 S. Hauerwas/ W. Willimon, Lord, teach us, 이종태 옮김, 주여 기도를 가르쳐주소서 (서울: 복있는사람, 2009), 125에서 재인용.

로는 하나님의 것이었고, 이차적으로는 그것을 필요로 하는 나사로의 것이었음을 인식해야 했던 것이다.

일용할 양식과 관련된 이야기를 신앙 선배들의 글에서 더 인용해 보자. 초대 교부 성 어거스틴(St. Augutinus)은 "궁핍한 자를 돕는 것은 (하나님의) 정의로운 행동이다"라고 말했고, 크리소스톰(Chrysostom)은 "너는 가난한 자에게 네 소유를 주는 것이 아니라, 원래 그의 것을 돌려주는 것이다"라고 말했다. 종교개혁자 잔 깔뱅(J. Calvin)은 "일용할 양식으로 만족하지 않고 무제한적인 욕망으로 무수한 것을 갈망하는 사람들이나, 소유가 풍부한 것으로 만족하거나 산적한 재물을 믿고 아무 근심도 없는 사람들이 이 기도 [주님의 기도]를 드린다면, 그들은 하나님을 조롱하는 것이다"라고 경고했다.6 우리 신앙 선배들의 이와 같은 인식은 자본주의의 한 가운데 살고 있는 우리에게도 여전히 유효하다고 생각한다.

---

6 J. Calvin, *Institutes of the Christian Religion* vol. III, 김종흡 · 신복윤 · 이종성 · 한철하 공역, 『기독교강요(基督敎綱要)』中 (서울: 생명의말씀사, 1997), 485.

사실 우리가 오늘 얻어서 누리고 있는 일용할 양식은 하나님께서 직접 창조하신 산물이자 우리를 위해 주신 하나님의 선물임에 틀림이 없다. 하나님께서 우리에게 해와 비를 내려 주셨고, 일터와 일할 만한 건강을 주셨기 때문이다. 또한 남미 신학자 레오나르도 보프(L. Boff)가 역설한 것처럼[7], 오늘 내가 누리는 일용할 양식은 나 혼자 생산한 것이 아니라 우리 모두가 함께 생산해낸 것이다. 내가 먹는 밥만 보아도, 밥에는 농부의 땀과 유통업자의 수고, 소매업자의 수고와 식사를 준비한 사람의 수고 등이 어우러져 있다. 이처럼 나와 너, 우리 모두 함께 생산한 일용할 양식은 우리 안의 다른 사람들과 더불어 소비되어야 하지 않을까? 그때에만 비로소 우리는 "오늘 우리에게 일용할 양식을 주소서"를 진실 되게 기도할 수 있을 것이다.

3) 우리는 일용할 양식을 어떻게 획득해야 할까?

성서는 정당하게 획득하지 않은 양식을 인정하지 말라

---

7 L. Boff, *The Lord's Prayer: The Prayer of Integral Liberation*, 이정희 역, 『주의 기도』(서울: 한국신학연구소, 1986), 135.

고 경고하고 있다. "창기가 번 돈과 개 같은 자의 소득은
어떤 서원하는 일로든지 네 하나님 여호와의 전에 가져오
지 말라. 이 둘은 다 네 하나님 여호와께 가증한 것임이니
라"(신 23:18). 하나님께서는 정당한 방법으로 획득한 재
물을 인정하시지만, 정당하지 않은 방법으로 획득한 재물
에 대해서는 결단코 거부하신다. 몸을 팔아서 얻은 재물,
남을 속이거나 도둑질해서 얻은 재물, 남의 것을 착취하
거나 강탈해서 얻은 재물, 무슨 짓이라도 개의치 않고 얻
은 재물 등은 하나님 앞에서 가증한 재물이기 때문이다.
우리말에 "개같이 벌어서 정승같이 쓰라"라는 말이 있는
데, 정승처럼 제대로 된 방법으로 벌어들이지 않은 재물
을 어느 날 갑자기 정승처럼 쓴다는 것은 불가능한 일이
다. 우리는 개같이 벌은 재물은 개같이 쓸 수밖에 다른 방
법이 없음을 기억하고, 정승처럼 쓰기 위해서라도 정승처
럼 벌어야 할 것이다.

또한 성서는 과하지도 않고 모자라지도 않는 정도의
양식을 얻으라고 교훈하고 있다. "나를 가난하게도 마옵
시고 부하게도 마옵시고 오직 필요한 양식으로 나를 먹이

시옵소서"(잠 30:8). 재물이 지나치게 많아서 하나님과의 관계를 외면하게 하는 부(富)도 저주이고, 재물이 너무 없어서 하나님과의 관계를 단절하게 하는 가난도 저주가 되기 때문이다. 물론 빈부 상황과 상관없이 어떤 경우에라도 하나님과의 올바른 관계를 유지하는 것이 진정한 신앙이지만, 인간은 환경에 좌우되기 쉬운 나약한 존재이기 때문에, 우리는 중용의 자세 속에서 적당한 정도의 양식을 얻어 살아가도록 해야 할 것이다.

7. 우리의 죄를 사하여 주소서

우리가 죄가 없다고 말하면, 우리는 스스로를 속이는 것이요, 진리가 우리 안에 없는 것입니다. 우리가 우리의 죄를 자백하면, 하나님은 미더우시고 의로우셔서, 우리의 죄를 용서해 주시고, 모든 불의에서 우리를 깨끗하게 해주실 것입니다(요일 1:8-9).

그러자 주인은 그 종을 불러다 놓고 말하였다. '이 악한 종아, 네가 간청하기에, 내가 네게 그 빚을 다 삭쳐 주었다. 내가 너를 불쌍히 여긴 것처럼, 너도 네 동료를 불쌍히 여겼어야 할 것이 아니냐?' 주인이 노하여, 그를 형리에게 넘겨주고, 빚진 것을 다 갚을 때까지 가두어 두게 하였다. 너희가 각각 진심으로 형제나 자매를 용서하여 주지 않으면, 내 하늘 아버지께서도 너희에게 그와 같이 하실 것이다"(마 18:32- 35).

1) 무엇이 죄인가?

하나님께서는 세상을 다스리기 위해(창 1:26) 인간을 창조하시고, 생육하고 번성하여 땅에 충만해지는 복과 함께 세상을 다스리는 명령을 부과하셨다(창 1:28). 그리고 하나님께서는 모든 열매는 먹지만 선악을 알게 하는 나무의 열매만은 먹지 말라(창 2:17)고 말씀 하신 후에 최초의 인간 아담에게 돕는 배필을 허락해 주셨다(창 2:22). 그때 인간이 창조주 하나님 앞에서 순종하는 피조물로 살고, 동료 인간 앞에서 서로 협력하며, 자연 앞에서 자연을 잘 다스렸다면, 에덴동산에서 행복한 삶을 살 수 있었을 것이다. 그러나 인간은 뱀의 교묘한 거짓말로 인해 다스려야 할 뱀으로부터 명령을 받는 존재로서 주객전도가 되었다(창 3:2). 인간은 서로 간에 돕고 책임지기는커녕 먹지 말라는 선악과를 따먹고는 서로에게 책임을 전가하는 무책임한 존재로서 변질이 되었다(창 3:6). 하나님과 친근하게 에덴동산에서 거닐었던 인간은 불순종으로 인해서 하나님이 무서워 숨는 존재로서 왜곡이 되었다(창 3:8). 성경은 하나님의 말씀을 불순종하고, 하나님이 규정하신 올바른 관계를 깨뜨리는 것을 죄라고 규정하고 있다.

성경을 잘 알지 못하는 비기독교인들은 선악과를 따먹을 것까지 아시는 전지전능하신 하나님께서 왜 선악과를 만드셨을까를 질문하면서, 기독교인들을 기꺼이 궁지에 빠뜨리려고 한다. 그러나 하나님께서는 인간에 대해 고약한 분이라서 선악을 알게 하는 나무를 만드신 것이 아니고, 인간을 너무도 사랑하셔서 인격적인 주체로 설 수 있도록 선악의 나무를 만드셨다. 만일 인간이 '선악의 나무'라는 자기 한계가 없었다면, 인간은 무제한의 자유로 인해서 하나님과 무관한 존재로 되었거나, 하나님과의 필연적인 관계 속에서 자유 없이 사는 존재로 되었을 것이 틀림없다. 그러므로 인간의 문제는 하나님께서 당신 앞에서 자유를 행사할 수 있는 인격적인 주체로서 인간을 격상시켰음에도 자신의 자유를 임의로 사용하고 말았다는 데 있다. 기독교 신학은 이 근원적인 문제에서 자유롭지 못한 인간의 존재를 원죄(原罪)라는 말로 설명하고 있다. 다시 말하면, 모든 인간이 하나님 앞에서 죄인인 것은 최초의 인간 아담과 하와의 범죄로 인해서 어쩔 수 없이 유전적으로 죄인이 된 것이 아니라, 아담과 하와처럼 자유를 잘못 사용하여 올바른 관계를 깨뜨리며 살고 있기 때문에 스스로 죄인이라 고백하지 않을 수 없는 존재가 되었다는 말씀이다.

인간이 하나님의 말씀에 불순종하는 것을 죄라고 한다면, 우리는 하나님의 말씀이 무엇을 하지 말라는 부정적인 진술과 무엇을 하라는 긍정적인 진술 모두를 포괄하고 있음을 기억해야 한다. 다시 말하면 하지 말라는 것도 하나님의 말씀이고, 하라는 것도 하나님의 말씀이기 때문에, 하나님께서 하지 말라는 것을 하는 것도 죄이지만, 하나님께서 하라는 것을 하지 않는 것도 죄라는 말씀이다.

십계명을 예로 들어보면, 하나님께서는 '살인하지 말라'고 하셨지만, 어떤 인간이 살인했다면 그것은 죄라는 것이고, 하나님께서 '네 부모를 공경하라'고 하셨지만, 어떤 자식이 자기 부모를 공경하지 않았다면 그것 역시 죄라는 것이다. 예수 그리스도의 말씀을 예로 들어보면, 주님께서는 '남을 심판하지 말라'고 하셨지만, 어느 누구가 남을 심판한다면 그것이 죄라는 것이고, 주님께서 '이웃을 네 몸과 같이 사랑하라'고 하셨지만, 이웃을 사랑하지 않고 있다면 그것 역시 죄라는 말씀이다. 그러므로 우리는 마땅히 해야 할 일을 하고, 마땅히 하지 말아야 할 일을 하지 않을 때, 죄로부터 자유할 수 있는데, 그것이 쉽지 않은 것이 우리의 현실이다.

2) 왜 우리의 죄인가?

우리의 죄는 '나'의 죄와 '너'의 죄를 포괄한다. '나'는 너와 무관한 '나'가 아니라 '너'와 협력하며 살아야 하는 '나'이고, '너'는 나와 무관한 '너'가 아니라 '나'와 협력하며 살아야 하는 '너'이다. 그런 점에서 '너'의 죄는 '너'만의 죄가 아니라 '나'의 죄이기도 하고, '나'의 죄는 '나'만의 죄가 아니라 '너'의 죄이기도 하다.

세상 사람들은 이러한 경우 기가 막히게 자기 자신의 책임을 면제하려는 경향이 있다. '나(내)'가 책임져야 할 '나'의 죄를 '너(네)'가 책임져야 할 '너'의 죄라고 왜곡하여

전가하거나, '나'도 책임져야 할 '너'의 죄를 '너'만이 홀로 책임져야 할 '너'만의 죄로 규정하는 것이다. 언제나 '나'의 죄는 없고, 항상 '너'의 죄만 있다는 논리이다. 우리가 흔히 하는 말로 '너(네)'가 하면 불륜이지만, '나(내)'가 하면 로맨스라는 말과 같은 이치이다.

그러나 기독교인은 '나'와 '너', '우리' 죄의 문제를 세상 사람과는 아주 다르게 이해하고 있다. '나(내)'가 책임져야 할 '나'의 죄는 다른 누구에게도 전가해서는 안 되는 '나'만의 죄로 인정하고, '나'도 책임져야 할 '너'의 죄에 대해서는 '너'의 죄를 야기하게 한 '나'의 부족함과 부끄러움으로 보는 것이다. 바로 여기에 기독교인의 성숙한 이중윤리가 있다고 볼 수 있다.

사실 우리가 경험하는 죄를 찬찬히 살펴보면, 어느 한 개인만의 죄로 규정하기가 매우 어려운 집단적인 사건이라는 사실을 알 수 있다. 세상에 사는 모든 사람들은 네트워크처럼 밀접하게 연결되어 있어서, '나'의 죄가 '너'에게 영향을 미치고, '너'의 죄가 '나'에게 영향을 미치기 때문이다. 어느 날 극악한 연쇄살인범이 체포되었다고 하자. 그는 가난한 부모의 아들로 태어나서 매를 맞으며 성장했다. 그것이 싫어서 그는 가출청소년이 되었고, 가출해서 살다보니 도둑질을 하게 되었다. 그 후 그는 도둑질 하는 현장에서 잡히는 바람에 소년원에 들어가야 했고, 소년원에서 나오면서 바르게 살기로 작정했지만 아무도 그에게 일할 기회를 주지 않았다. 그에게 제대로 된 직장이 없다보니 그는 도둑질에서 강도로 바뀌었고, 강도에서 강간범으로, 강간범에서 살인범으로 죄의 강도를 점점 더하게 되었다. 결국 그는 연쇄살인범으로 체포되었지만, 그의 연쇄살인 죄는 그를 제대로 양육하지 못한 부모의 책임도 있고, 도둑질하도록 이끈 누군가의 책임도 있으며, 그를 따뜻하게 맞아주지 못한 사회의 책임도 있다. 세상은 그에게만 연쇄살인의 죄를 묻지만, 예수 그리스도께서는 오히려 인류의 죄, 바로 나와 너, 우리 모두의 죄를 대신해서 십자가를 지셨다. 죄가 없으신 예수 그리스도가 우리의 죄를 책임지고 감당하셨다면, 죄인인 우리는 '나'의 죄와 관련된 '너'의 죄, 우리 모두의 죄를 감당하는 것이 너무나 당연하다.

3) 우리의 죄에 대해서 해야 할 일은 무엇인가?

　우리가 주기도를 잘못 읽으면, 우리가 하나님께 용서함을 얻기 위한 전제조건이 이웃에 대한 우리의 용서라고 생각할 수 있다. "우리가 우리에게 죄지은 자를 사하여 준 것 같이"라는 전반부의 진술은 "우리가 우리에게 죄지은 자를 용서해주었으니, 하나님께서 우리를 용서해 주셔야 하는 것은 당연하다"라는 우리의 권리처럼 읽을 수 있기 때문이다. 그러나 희랍어 원전에 나오는 '같이'라는 단어(ws)는 "우리는 누군가가 잘못하면 용서를 한다. 바로 그런 것처럼(ws), 우리가 하나님 앞에서 범한 개인적인 죄와 집단적인 죄를 용서해주십시오"라고 이해하는 것이 옳다. 다시 말해 우리가 우리에게 죄지은 자를 용서해 주어야만 하나님께서 우리의 죄를 용서해 주시는 것이 아니라는 말씀이다. 오히려 순서는 그 반대이다. 하나님께서 우리에게 우리 자신의 근원적인 죄를 먼저 용서해주셨으니, 이제 우리도 용서하며 사는 것이 마땅하다고 보는 것이 바른 이해이다.[8] 그런데 만일 우리가 우리에게 잘못한 누군가를 용서하지 않는다면, 그것은 하나님의 근원적인 용서를 아직 모르고 있거나 배은망덕하게도 잊어버렸기 때문이다.

우리는 흔히 "우리가 역사를 잊으면, 그 역사는 다시 반복된다"라는 말을 종종 듣는다. 우리가 우리의 개인적인 죄나 정치, 경제, 사회, 문화 등 구조적인 차원의 죄를 하나님께 용서해달라고 구하는 것은 우리가 사는 세상 죄의 현실을 인정하는 것인 동시에 그 죄의 현실을 단절하겠다는 것이고, 죄로부터 돌이킨 새로운 삶으로 나아가겠다는 우리의 결단을 의미한다. 또한 우리가 하나님을 향해서 우리 죄의 용서를 간구하는 것은 우리도 서로 용서하며 살겠다는 단단한 각오를 하는 것이다. 그러므로 우리는

---

8 L. Boff, The Lord's Prayer: The Prayer of Integral Liberation, 165. 용서에 대한 보프의 제안이다. "우리가 무제한적인 용서를 구하여 무조건적으로 아무런 유보조건도 없이 용서를 받았다면, 우리에게 무제한의 용서를 요청하는 어떤 사람을 우리도 역시 무제한으로 용서해야 한다."

S. Hauerwas/ W. Willimon, Lord, teach us, 139. 하우어워스와 윌리몬이 감사의 행위로 용서를 이해하는 것은 지극히 타당한 것으로 보인다. "우리의 용서는 우리가 용서받은 것에 대한 응답으로 시작한다. 우리의 용서는 우리에게 해를 가한 동료 인간을 향한 관대함의 행위이기보다는, 우리를 용서하시는 하나님을 향한 감사의 행위이다."

모든 죄의 현실로부터 돌이키고, 그 죄의 현실 안에서 하나님의 뜻을 관철시키며, 나아가 자신을 향한 타인의 잘못을 용서함으로 타인을 변화시키고, 사회구조적인 죄를 개혁하는 일에 앞장서야 할 것이다.

8. 우리를 시험에 빠지지 않게 하소서

뱀은, 주 하나님이 만드신 모든 들짐승 가운데서 가장 간교하였다. 뱀이 여자에게 물었다. '하나님이 정말로 너희에게 동산 안에 있는 모든 나무의 열매를 먹지 말라고 말씀하셨느냐?' 여자가 뱀에게 대답하였다. '우리는 동산 안에 있는 나무의 열매를 먹을 수 있다. 그러나 하나님은, 동산 한가운데 있는 나무의 열매는, 먹지도 말고 만지지도 말라고 하셨다. 어기면, 우리가 죽는다고 하셨다.' 뱀이 여자에게 말하였다. '너희는 절대로 죽지 않는다. 하나님은, 너희가 그 나무 열매를 먹으면, 너희의 눈이 밝아지고, 하나님처럼 되어서, 선과 악을 알게 된다는 것을 아시고, 그렇게 말씀하신 것이다.' 여자가 그 나무의 열매를 보니, 먹음직도 하고, 보암직도 하였다. 그뿐만 아니라, 사람을 슬기롭게 할 만큼 탐스럽기도 한 나무였다. 여자가 그 열매를 따서 먹고, 함께 있는 남편에게도 주니, 그도 그것을 먹었다(창 3:1-6).

그 즈음에 예수께서 성령에 이끌려, 광야로 가셔서, 악마에게 시험을 받으셨다. 예수께서 밤낮 사십 일을 금식하시니 시장하셨다. 그런데, 시험하는 자가 와서, 예수께 말하였다. '네가 하나님의 아들이거든, 이 돌들에게 빵이 되라고 말해 보아라.' 예수께서 대답하셨다. '성경에 기록하기를 사람이 빵으로만 살 것이 아니라, 하나님의 입에서 나오는 모든 말씀으로 살 것이다 하였다.' 그 때에 악마는 예수를 그 거룩한 도성으로 데리고 가서, 성전 꼭대기에 세우고 말하였다. '네가 하나님의 아들이거든, 여기에서 뛰어내려 보아라. 성경에 기록하기를 하나님이 너를 위하여 자기 천사들에게 명하실 것이다. 그들이 손으로 너를 떠받쳐, 너의 발이 돌에 부딪치지 않게 할 것이다 하였다.' 예수께서는 악마에게 말씀하셨다. '또 성경에 기록하기를 주 너의 하나님을 시험하지 말아라 하였다.' 또다시 악마는 예수를 매우 높은 산으로 데리고 가서, 세상의 모든 나라와 그 영광을 보여 주며, 그에게 말하였다. '네가 나에게 엎드려서 절을 하면, 이 모든 것을 네게 주겠다.' 그 때에 예수께서 그에게 말씀하셨다. '사탄아, 물러가라. 성경에 기록하기를 주 너의 하나님께 경배하고, 그분만을 섬겨라 하였다(마 4:1-10).

1) 시험에 빠지게 하는 것은 무엇인가?

이 세상에서 살아가는 우리는 시시때때로 다양한 유형의 시험에 직면한다. 우리는 학교에서 제도교육을 받는 한 시험을 치르지 않을 재간이 없고, 인생살이의 생로병사 속에서 개인적으로 다양한 어려움을 경험할 수밖에 없다. 또한 우리는 인간의 다양한 공동체에서 다른 사람들과 관계하면서 원치 않는 어려운 인간관계에 연루되기도 하고, 불의의 사고든 자연재해든 불가항력적인 상황에 종종 빠져들기도 한다.

필자는 강의를 수강하는 학생들에게 매학기 시험을 부과하지만, 시험에 빠져서 그 시험이 유혹이 되는 일이 없도록 노력할 것을 당부한다. 사실 시험이라는 것은 학생 자신의 객관적인 수준을 확인하는 자연스런 기회로서 모든 학생에게 꼭 필요한 과정이다. 하지만 어떤 학생이 자기 수준 이상의 실력을 억지로 만들기 위해서 부정직한 시험을 치르게 된다면, 그것은 시험을 유혹으로 만드는 것이며, 학생이 시험에 빠진 것이라고 말할 수 있다.

이 세상에 사는 인간으로서 시험 없이 살 수 있는 인간은 아무도 없다. 태초의 인간 아담은 에덴동산에서 마귀의 시험을 받은 바 있고, 우리 주님 예수 그리스도도 광야에서 마귀의 시험을 받으셨다. 하물며 보통 사람인 우리는 언제라도 시험을 받을 수 있는 존재이다. 문제는 아담처럼 시험에 빠져서 시험을 유혹으로 변질시킬 것이냐, 아니면 예수 그리스도처럼 시험을 이겨서 시험을 성숙으로 나아가는 연단의 기회로 삼을 것이냐 하는 선택의 기로에서 바르게 선택하는 것이다.

아담에게 부과된 선악과를 따먹으라는 시험은 인간의 자유를 속박하는 것처럼 여겨지는 하나님의 명령을 거부하고 스스로 하나님처럼 되어서 마음대로 살라는 것이었다. 서로 협력하며 살아야 할 아내를 지배하고, 자신의 책임을 아내에게 전가하라는 것이었다. 그리고 다스려야 할 피조세계가 자신의 욕망을 자극할 때 그저 순응함으로써 오히려 다스림을 받으라는 것이었다. 결국 아담은 다스려야 할 뱀에게 오히려 다스림을 받았고, 당당해야 할 하나님 앞에서 숨었으며, 하와에게 책임을 전가함으로써 시험에 빠지는 패배자가 되었다.

그러나 예수 그리스도는 40일을 금식하셔서 떡밖에는 다른 생각을 하기 어려운 자리에서 돌로 떡을 만들라는 악마의 시험에 "사람이 떡으로 사는 존재가 아니라 하나님의 말씀으로 사는 존재"라 말씀하시며 물질에 흔들리지 않는 초연함을 보이셨다. 악마는 성전 꼭대기에서 뛰어내려 천사의 보호를 받음으로써 하나님의 아들임을 과시하라고 시험했지만, 예수 그리스도는 "주 하나님을 시험치 말라"고 말씀하시며 스스로 하나님처럼 되는 것을 거부하셨다. 또한 마귀는 천하만국의 영광을 얻어서 마음대로 누리며 살라고 시험했지만, 예수 그리스도는 "하나님만 경배하라"고 말씀하시며, 스스로 사람 위의 사람이 되는 것을 용납하지 않으셨다.

인간이 살 수 있는 최고의 조건인 에덴동산에서 아담

은 뱀으로 대변되는 악마에게 시험을 받아서 패배자가 되었던 반면에, 인간이 살기에 최악의 조건인 광야에서 예수 그리스도는 악마의 시험을 직접 받았으나 물리치고 승리자가 되셨다. 이를 보면, 우리는 시험에 빠지고 이기는 것이 삶의 물질적인 조건에 있지 않다는 것을 알 수 있다. 아담의 시험이나 예수 그리스도의 시험이나 동일한 내용의 시험이었지만, 누구나 아담처럼 시험에 빠지는 것은 아니라는 것이다. 그러므로 우리는 시험을 받는 인간의 주체적인 의지와 결단, 하나님과의 철저한 신앙관계 여부에 따라서 시험의 결과가 다를 수 있음을 인식해야 한다.

2) 현대사회에서 직면하는 시험은 무엇인가?

오늘 현대사회를 살아가고 있는 현대인들은 돈이면 무엇이든지 할 수 있다는 물질만능주의에 빠져 있다. 돈만 있으면 안 되는 것도 되게 할 수 있고, 되는 것도 안 되게 할 수 있는 능력이 있다고 사람들은 착각한다. 적지 않은 사람들은 돈이 되는 일이라면 불나방처럼 덤벼들고, 다른 사람을 속이는 것도, 다른 사람의 것을 강탈하는 것도, 심지어 다른 사람을 죽이는 것도 서슴지 않는다. 돈이라는 것, 물질이라는 것은 인간의 관리에 맡겨진 하나님의 것으로서 인간이 잘 다스려야 하는 것인데, 인간이 돈과 물질에 복종하고, 돈과 물질에 의해 다스려지고 있는 셈이다. 하나님 앞에서 인간이 돈과 물질에 대한 자신의 다스리는 역할을 전도시키는 것은 현대인에게 시험이다. 동서고금을 막론하고 돈과 물질은 인간에게 워낙 크게 다가와서 심지어는 신적인 능력을 행세하고, 나약한 인간들은 돈과 물질을 하나님의 자리에다 놓는 어리석음을 범하고 살아왔음을 성경은 경고한다. "아무도 두 주인을 섬기지 못한다. 한쪽을 미워하고 다른 쪽을 사랑하거나, 한쪽을 중히 여기고 다른 쪽을 업신여길 것이다. 너희는 하나님과 재물을 함께 섬길 수 없다"(마 6:24).

지금 현대인들은 권력을 추구하는 일에 혈안이 되어 있다. 정치모리배들은 매 선거 때마다 선량한 정치인인 양 머리를 조아리며 한 표를 줄 것을 부탁한다. 그들이 시민들을 위해 내놓는 정책은 가히 환상적이다. 그 정책대로 실행만 된다면 일반 시민들의 행복은 멀지 않아 보인다. 그러나 일단 당선되고 나면 목에 힘을 주고 언제 그랬느냐는 듯이 고자세로 돌변하고, 자신의 잇속을 챙기는 온갖 일에 뛰어드는 것이 그들의 행태이다. 어디 정치모리배들만 그러한가? 누구라도 작은 권력을 움켜쥐면, 이권과 청탁 그리고 주고받는 뇌물로 썩는 냄새를 쉽게 풍기고 있지 않은가? 모든 권력은 크든 작든 이웃을 섬기기 위해 주어진 것인데, 자신의 이해관계를 얻는 도구로 전락시키는 것은 현대인에게 시험이다. 그래서 예수께서는 세상 권력자들의 행태에 주의를 주시며, 섬김을 받기보다 섬기기를 가르치셨다. "너희가 아는 대로, 민족들을 통치하는 사람들은 그들을 마구 내리누르고, 고관들은 세도를 부린다. 그러나 너희끼리는 그렇게 해서는 안 된다. 너희 사이에서 위대하게 되고자 하는 사람은 누구든지 너희를 섬기는 사람이 되어야 하고, 너희 가운데서 으뜸이 되고자 하는 사람은 너희의 종이 되어야 한다. 인자는 섬김을 받으러 온 것이 아니라 섬기러 왔으며, 많은 사람을 위하여 자기 목숨을 대속물로 내주러 왔다"(마 20:25-28).

또한 과학의 최첨단에 살고 있는 현대인들은 자연을

하나님의 창조질서대로 자연스럽게 두지 않고, 자기 마음대로 왜곡하고 있다. 자연스럽게 주어진 인간의 생명을 인위적으로 중단시키고 있고, 부자연스런 방법으로 인간의 생명을 조작하고 있다. 무엇보다 편리한 삶을 누리겠다는 욕망 하나만으로 이산화탄소를 무한정 방출하고 있고, 지구온난화의 초래와 함께 북극의 빙하를 급속도로 녹이고 있다. 후세대를 생각하지 않는 현대인들은 해수면의 상승을 가속화함으로써 인간이 살 수 있는 육지를 점점 사라지게 하고 있다. 더욱이 땅과 바닷물의 일정했던 온도를 변화시킴으로써 폭우와 폭설, 폭염과 해일 등 자연재앙을 불러들이고 있다. 이처럼 불편한 진실을 외면하고 편리함만을 추구하는 것은 현대인에게 시험이다. 지금이라도 우리는 사도 바울이 2000년 전에 들은 피조물의 신음소리를 심각하게 들어야 한다. "피조물은 하나님의 자녀들이 나타나기를 간절히 기다리고 있습니다. 피조물이 허무에 굴복했지만, 그것은 자의로 그렇게 된 것이 아니라, 굴복하게 하신 그분이 그렇게 하신 것입니다. 그러나 소망은 남아 있습니다. 그것은 곧 피조물도 사멸의 종살이에서 해방되어서, 하나님의 자녀가 누릴 영광된 자유를

얻는다는 것입니다. 우리는 모든 피조물이 이제까지 함께
신음하며, 해산의 고통을 함께 겪고 있다는 것을 압니다"
(롬 8:19-22).

3) 시험에 빠지지 않으려면 어떻게 해야 하나?

우리는 예수께서도 시험을 받으셨음을 기억할 필요가
있다. 복음서를 보면, 예수의 전체 생애 동안 집요하게 따
라다녔던 것이 시험이다. 인류의 구원을 위해서 십자가의
자리로 나아가려는 예수의 길에 때로는 악마가 방해했고
(마 4:1-10), 때로는 수제자 베드로가 걸림돌이 되었다.
"그 때부터 예수께서는, 자기가 반드시 예루살렘에 올라
가고, 장로들과 대제사장들과 율법학자들에게 많은 고난
을 받고 죽임을 당하고, 사흘째 되는 날에 살아나야 한다
는 것을, 제자들에게 밝히기 시작하셨다. 이에 베드로가
예수를 꼭 붙들고 '주님, 안 된다. 절대로 이런 일이 주님
께 일어나서는 안 됩니다'하면서, 예수께 항의하였다. 그
러나 예수께서는 돌아서서, 베드로에게 말씀하시기를 '사
탄아, 내 뒤로 물러가라. 너는 나에게 걸림돌이다. 너는 하

나님의 일을 생각하지 않고, 사람의 일만 생각하는구나!' 하셨다"(마 16:21-23). 때로는 예수를 따르던 민중들도 예외는 아니었다. "사람들은 예수께서 하신 표적을 보고 '이분은 참으로 세상에 오시기로 된 그 예언자다' 하고 말하였다. 예수께서는, 사람들이 와서, 억지로 자기를 모셔다가 왕으로 삼으려고 한다는 것을 아시고, 혼자서 다시 산으로 물러가셨다"(요 6:14-15). 이처럼 예수께서는 수시로 전방위적으로 시험을 받으셨다. 예수의 위대함은 시험을 받지 않았음에 있는 것이 아니라, 시험을 물리치고 이긴데 있다. 우리 역시 세상에 사는 한 시험 없이 살 수 있는 재간이 없다. 우리가 시험에 직면하는 것은 자연스러운 것이기 때문에 시험에 직면하는 자체가 죄가 아니고, 시험에 굴복하는 것이 죄가 된다. 그러므로 우리에게 중요한 것은 시험에 빠지지 않고 물리칠 수 있는 역량을 구축하는 것이다. 그러나 우리는 인간이 언제나 시험에 빠질 수 있는 나약한 존재임을 인정해야 한다. 언제든지 이기적인 욕망과 육체적인 정욕은 우리의 삶을 지배하고, 우리를 순식간에 무릎 꿇게 한다. 때문에 우리는 하나님의 말씀으로 모든 시험을 이기신 예수를 바라보면서 하나님의 말씀을 우리의 삶 가운데 체화시켜야 할 것이고, 우리 자신의 부족함과 부끄러움을 바라보면서 능력 주시는 하나님께 기도하는 것을 게을리 하지 말아야 할 것이다.

9. 우리를 악에서 구하소서

정신을 차리고, 깨어 있으십시오. 여러분의 원수인 악마가,
우는 사자 같이, 삼킬 자를 찾아 두루 다닙니다. 믿음에 굳게
서서, 악마를 대적하십시오. 여러분이 아는 대로, 세상에 있
는 여러분의 형제자매들도 다 같은 고난을 겪고 있습니다.
(벧전 5:8-9)

성령도 우리의 약함을 도와주십니다. 우리는 어떻게 기도해
야 할 것도 알지 못하지만, 성령께서 친히 이루 다 말할 수
없는 탄식으로, 우리를 대신하여 간구하여 주십니다.(롬
8:26)

1) 악이란 무엇인가?

우리가 악을 생각할 때는 악마를 연상할 때가 많다. 어린 시절 만화를 보았을 때, 인간 내면의 갈등 상황을 한쪽에는 날개 달린 천사를, 다른 쪽에는 귀엽게 보이는 악마를 그려서 표현했던 것이 기억난다. 천사는 착한 일을 하라고 충고하지만, 악마는 악한 일을 하라고 꼬드긴다. 우리는 악이 무엇인지 규정하는 것이 그리 쉽지 않음을 경험으로 알고 있다. 악이란 실체는 우리에게 가시적으로 다가오는 존재가 아니기 때문이다. 그러나 우리는 외형적으로 드러난 악의 현상을 통해서 악의 실체에 대해 조금이나마 이해할 수 있다. 어찌 되었건 악은 우리 인간에게 유해한 것이고, 유해한 것을 초래하는 원인이라고 말할 수는 있다. 또한 악은 우리 인간을 하나님의 선한 길에서 이탈하도록 유혹하며, 잘못된 길로 이끄는 것임에는 틀림이 없다.

성경은 창조주 하나님을 선하신 분으로서 진술하고 있다. "주님, 영원 전에서부터 변함이 없으신, 주의 그 긍휼

하심과 자비로우심을 기억하여 주십시오. 내가 젊은 시절에 지은 죄와 실수를 기억하지 마시고, 주의 자비로우심과 그 선하심으로 나를 기억하여 주십시오. 주님은 선하시고 올바르셔서, 죄인들이 돌이키고 걸어가야 할 올바른 길을 가르쳐 주신다. 겸손한 사람을 공의로 인도하시며, 겸비한 사람에게는 당신의 뜻을 가르쳐 주신다. 주의 언약과 계명을 지키는 사람을 신실과 사랑으로 인도하신다"(시 25:6-10). 선하신 하나님이 우리에게 기대하시는 것, 명령하시는 것, 다시 말해 우리를 향한 그분의 뜻 자체가 선임을 명확히 한다. 우리는 흔히 악에 대해서 악을 따르는 악한 행위를 하는 것으로만 생각하는 경향이 많지만, 성경은 선을 따르지 않고 선을 행하지 않는 것 역시 악한 행위임을 말해주고 있다. 선한 사마리아 사람의 비유(눅 10:30-37)에 등장하는 사마리아 사람은 죽음의 절박한 상황 속에서 도움을 간절히 필요로 하는 강도만난 사람에게 제사장, 레위인과 달리 조건 없는 사랑을 나누었기에 선한 사람으로 인정받았다. 하나님의 형상으로 지음 받고 하나님께 사랑받는 사람을 사랑하고, 더불어 협력하며 사는 것이 인간을 향하신 하나님의 뜻, 선(善)이기 때문이다.9 그러나 부자와 거지 나사로 이야기(눅 16:19-31)에 등장하는 부자는 나사로를 직접적으로 괴롭히거나 나사로의 것을 강탈하거나 하지 않았는데도, 악인으로서 지옥에 가야했다. 부자는 하나님께서 자신에게 맡기신 재물로 굶주려 죽어가는 나사로에게 선을 베풀 수 있었지만 실행하지 않았기 때문이다. 이처럼 우리는 악의 실체를 말하기는 어렵지만, 악한 행위를 통해서 악이 무엇인지를 살필 수는 있다.

그럼에도 불구하고 우리는 악의 유형을 크게 세 가지로 구분할 수 있다. 첫째는 인간 내면에 움트고 작동하는 악한 생각이나 악을 바라는 성향이다. 무한한 탐욕, 다른

---

9 선한 사마리아 사람의 비유에는 세 가지 철학이 담겨져 있다. 첫째로, 강도의 철학은 "너의 것은 나의 것이다. 그러니 나는 너의 것을 강탈할 수 있다."는 것이다. 둘째로, 제사장과 레위인의 철학은 "내 것은 내 것이다. 그러니 나의 것을 너에게 줄 수 없다."는 것이다. 셋째로, 사마리아인의 철학은 "나의 것은 너의 것이다. 그러니 나의 것을 절실히 필요로 하는 너에게 나의 것을 줄 수 있다."는 것이다. 한편 사마리아 사람을 설명하는 '선한'이라는 수식어의 선(善)을 보면 양(羊)과 초(屮) 그리고 구(口)로 구성되어 있다. 양의 입에 풀을 올려놓는 것이 선(善)이라는 것이다. 우리 주변에 먹고사는 것이 어려운 사람들에게 먹고살도록 조건을 베푸는 것이야말로 선(善)이며, 하나님의 뜻임을 우리는 기억해야 한다.

이들에 대한 시기나 미움, 음란한 생각, 지나친 교만 등은
악한 것이고, 악에서 비롯되고 있기 때문이다. 둘째는 인
간 내면의 악을 실제로 실행하는 악인이다. 우리는 다른
사람의 소유를 강탈하거나 악용하는 사람, 다른 사람 위
에 군림하며 자유를 억압하는 사람, 다른 사람의 안전을
위협하고 폭력을 행사하는 사람, 하나님의 형상성을 부정
하고 제멋대로 사는 타락한 사람 등을 일컬어서 악인이라
고 말하기 때문이다. 셋째는 인간의 풍성한 삶이나 인간
다운 삶을 왜곡하는 악한 상황이다. 무고한 유태인을 600
만이나 학살한 독일 히틀러 제국의 상황, 수천만의 노예
를 사고팔며 개나 돼지보다 못한 존재로 취급한 노예제도
의 상황, 피부의 색깔이 다르다는 이유 하나만으로 유색
인종을 차별해온 인종차별주의의 상황, 수많은 사람을 일
시에 죽이거나 고통에 빠뜨리는 전쟁의 상황, 빈익빈 부
익부를 가속화 시키는 천민자본주의의 상황 등은 개인은
물론이고 인류 구성원 전체에 대해서 집단적인 고통을 가
하는 악한 상황이기 때문이다.

2) 악에 빠진 인간의 모습은 어떠한가?

악은 우리 인간에게 추상적인 어떤 것만은 아니다. 우리는 삶의 다양한 자리에서 악을 구체적으로 경험하며 살고 있기 때문이다. 악은 인간 개개인과 인간 삶의 공동체를 위협하고 지배하며 왜곡하는 구체적인 힘으로 작용하고 있다. 그래서 인간은 악의 실체 앞에서 너무나 무력한 존재임을 자인하게 된다. 사도 바울의 고백은 악에 대한 그만의 민감한 고백이 아니라, 오늘을 살고 있는 우리 모두의 솔직한 고백일 수밖에 없다. "나는 내 속에, 곧 내 육신 속에 선한 것이 깃들어 있지 않다는 것을 압니다. 선을 행하려는 의지는 나에게 있으나, 그것을 실행하지 않으니 말입니다. 나는 내가 원하는 선한 일은 하지 않고, 도리어 원하지 않는 악한 일을 합니다. 내가 해서는 안 되는 것을 하면, 그것을 하는 것은 내가 아니라, 내 속에 자리를 잡고 있는 죄입니다. 여기에서 나는 법칙 하나를 발견하였습니다. 곧 나는 선을 행하려고 하는데, 그러한 나에게 악이 붙어 있다는 것입니다. 나는 속사람으로는 하나님의 법을 즐거워하나, 내 지체 속에는 다른 법이 있어서 내 마음의 법과 맞서서 싸우고, 내 지체 속에 있는 죄의 법에다 나를 사로잡는 것을 봅니다. 아, 나는 비참한 사람입니다. 누가 이 죽음의 몸에서 나를 건져 주겠습니까?"(롬 7:18-24)

그러나 우리 인간은 자신이 어찌할 수 없는 악의 희생자이기도 하지만, 악을 강화하고 재생산하는 존재이기도 한다. 스스로 선하신 하나님의 존재를 부정하고, 자기 마음대로 살려고 한다. 지금 행하고 있는 자신의 행위가 악을 따르는 악한 행위임을 알면서도, 오히려 그것에 안주하고 즐기기까지 한다. 악에 빠진 인간에게는 다른 사람이 안중에 없다. 다른 사람이야 어찌되든 말든 자신의 이해관계를 관철시킬 수만 있다면 좋다고 생각한다. 때로는 집단적으로 결속할 때 자신에게 이익이 돌아온다면, 혈연과 학연과 지연 등 모든 연고주의를 동원해서 집단을 형성하고, 자기 집단 밖에 대해서는 배타적인 행동을 서슴지 않는다. 악에 빠진 인간에게는 다른 생명의 가치나 창조의 아름다움, 또는 도덕적 질서나 양심의 소리 같은 것은 더 이상 고려되지 않는다. 한마디로 '양심에 화인받은 자'(딤전 4:2)이다.

3) 악에서 구해지려면 우리는 어떻게 해야 하나?

악은 개인의 문제로 국한되지 않고, 구조적인 차원이 있다. 악은 인간에게 결코 쉬운 상대가 아니다. 우리는 악을 과소평가해서는 안 된다. 악은 인간 삶의 자리에서 죄의 상황, 죄의 구조를 구체적으로 형성하기 때문에 심각하다. 악은 악을 행하는 악인이 죽는다고 해서 다 소멸되는 것도 아니다. 악은 인간의 제도와 편견, 사회적 관습 등의 형태로 세상 안에 늘 지속되는 측면이 있다. 사실 구조적인 악은 인간 죄악의 산물로 정착된 것이다. 그러나 한 번 정착된 구조악(構造惡), 정치적인 억압이나 사회적인 차별, 또는 경제적인 불평등 같은 구조악은 인간 개개인의 노력으로는 쉽게 제거되지 않는다.

우리는 악의 현실을 예수 그리스도의 십자가에서 가장 적나라하게 볼 수 있다. 악한 인간들은 인간에게 가장 절실한 하나님 나라의 선포자이신 예수 그리스도를 십자가에 못 박았다. 가난하고 병들고 소외되고 죄인으로 낙인찍힌 사람들의 친구이신 예수 그리스도를 십자가에 못 박았다. 하나님의 말씀을 외면하고 제멋대로 사는 악한 인간들을 '독사의 자식과 회칠한 무덤'이라 지적하며 정의를 촉구하신 예수 그리스도를 십자가에 못 박았다. 그들은 십자가에서 죽어가는 예수 그리스도를 동정하기는커녕 조롱하기까지 했다. 이것은 얼마나 악한 인간의 모습인가? 그러나 우리는 십자가 주변에 있던 악한 인간들이 우리와는 상관이 없는 사람들이 아니라, 바로 그들에게서 우리는 우리 자신의 모습을 본다. 악의 영향력이 정말 크다는 것을 알 수가 있다.

한편 우리는 악에서 구해질 수 있는 유일한 길 역시 십자가에 있음을 발견한다. 예수 그리스도는 자신을 죽이고 조롱하는 자들을 사랑으로 포용하셨다. 어머니 마리아와 제자 요한을 통해서 하나님의 새로운 가족관계를 제시하셨다. 궁극적으로 당신의 선을 이루실 하나님께 자신의 모든 것을 맡기셨다. 이제 우리는 십자가의 예수 그리스도를 따라야 한다. 그것만이 악을 이길 수 있는 유일한 길이다. 헌터(M. Hunter)라는 신학자는 인간을 '선에는 선으로, 악에는 악으로' 응답하는 인간의 자식과 '선에도 악으로' 응답하는 악마의 자식과 '악조차 선으로' 응답하는 하나님의 자식으로 구분했다. 십자가에서 고통당하신 하나님의 독생자 예수 그리스도처럼, 자기 십자가를 감당하며 악을 선으로 이기려는 우리를 하나님께서는 외면치 않고 구해주신다. 그래서 우리는 예수 그리스도를 우리의 '길'이라고, 하나님만을 우리의 '참된 구원자'라고 고백하는 것이다.

10. 나라와 권세와 영광이 아버지의 것입니다

너희가 내 안에 머물러 있고 나의 말이 너희 안에 머물러 있으면, 너희가 무엇을 구하든지 다 그대로 이루어질 것이다. 너희가 열매를 많이 맺어서 나의 제자가 되면, 이것으로 나의 아버지께서 영광을 받으실 것이다(요 15:7-8).

그러므로 여러분은 먹든지 마시든지, 무슨 일을 하든지, 모든 것을 하나님의 영광을 위하여 하십시오. 여러분은 유대 사람에게도, 그리스 사람에게도, 하나님의 교회에도, 걸림돌이 되지 마십시오(고전 10:31-32).

1) 나라와 권세와 영광이 아버지의 것이라는 고백이 무엇을 의미하나?

하나님의 나라는 세상 나라 내의 지평과 세상 나라 너머의 지평을 포괄한다. 세상 나라 내의 지평은 이미 시작된 경험 가능한 하나님의 나라이고, 세상 나라 너머의 지평은 아직 경험할 수 없거나 아직 도래하지 않은 하나님의 나라이다. 이미 세상 나라에서 시작된 하나님의 나라는 "아직 완성되지 않은" 하나님의 나라를 향해 나아가고 있고, 미래에 완성될 하나님의 나라는 세상 나라를 향해 다가오고 있다. 그러나 하나님의 나라는 세상 나라에서의 시작도 미래의 완성도 오직 하나님의 주권 안에 있다. 하나님은 지금 세상 나라에 당신의 나라를 세우고 계시고, 아직 세상 나라 너머에 존재하는 당신의 나라를 당신의 원하시는 때에 세상 나라에 임하도록 하실 것이다. 따라서 세상 나라와 하나님의 나라는 전적으로 대립된 것이 아니고, 세상 나라도 하나님의 주권 아래 속해 있는 하나님의 나라로 볼 수 있다.

세상 나라의 질서를 유지하는 모든 힘은 권세에서 비롯된다. 세상 나라의 권세는 하나님과 전적으로 무관한 것이 아니다. 왜냐하면 세상 권세는 하나님의 일꾼으로 쓰임 받도록 하나님에 의해서 부과된 권세이기 때문이다. "사람은 누구나 위에 있는 권세에 복종해야 합니다. 모든 권세는 하나님께로부터 온 것이며 이미 있는 권세들도 하나님께서 세워주신 것입니다… 권세를 행사하는 사람은 여러분 각 사람에게 유익을 주려고 일하는 하나님의 일꾼입니다"(롬 13:1,4a). 이처럼 세상 나라의 권세는 하나님의 권세를 넘어설 수 없고, 그조차도 하나님에게 속한 것이다. 그러므로 세상 나라의 권세는 어디까지나 하나님의 권세의 일부가 될 때만이 의미가 있다. 만일 하나님의 권세인 세상 나라의 권세가 권세를 수행하는 자의 사사로운 이해관계를 위해서 임의로 사용되거나 하나님의 권세로 사용되지 않는다면, 그 권세는 근본적으로 문제가 제기된다.

한편 우리가 삶 가운데서 추구하는 것은 대개 자기영광이다. 자신을 향한 사람들의 우러러봄과 타인을 향한 내려다봄이 그것이다. 그러나 누군가가 자기영광에 이르

렀다고 했을 때, 그 영광이 자신만의 노력으로 비롯된 산물인지, 아니면 다른 누군가의 도움으로 비롯된 결과인지 우리는 물어야 한다. 우리 존재의 근원이자 우리 삶의 모든 조건을 제공하신 하나님 없이 진정으로 도달할 수 있는 영광은 결코 존재하지 않기 때문이다. 우리의 삶을 돌아보면, 하나님의 은총과 인도하심 없이는 한발자국도 나아올 수 없는 삶이었다. 우리에게는 인간 삶의 근거도, 인간 삶의 궁극적인 목적도 오직 하나님에게만 있다. 그러므로 우리는 전적으로 신뢰하고, 궁극적인 희망으로 삼아야 할 유일한 분 하나님께 영광을 돌리지 아니 할 수 없는 것이다.

2) 우리는 세상 나라와 하나님 나라 사이에서 어떻게 살아야 하나?

세상 나라에서 하나님의 나라가 시작되지만, 세상 나라를 하나님의 나라와 동일시 할 수는 없다. 세상 나라는 하나님께서 은총 가운데 인간에게 허락하신 창조의 질서이다. 인간 사회가 그나마 유지되고, 카오스에 직면하지 않는 것은 세상 나라라는 제도가 버티고 있기 때문이다.

세상 나라는 이 세계의 질서유지와 사회복지를 통해 시민들로 하여금 하나님의 은총을 경험하게 할 때, 자신의 책무를 제대로 수행한 것이 된다. 그러나 어느 특정한 세상 나라에 살고 있는 인간은 자신의 죄성으로 인해 하나님의 완전한 다스림을 시시때때로 거절하며 살고 있고, 세상 나라에서 하나님의 나라 자체를 100% 드러내지 못하도록 방해하며 살고 있다. 그래서 세상 나라와 하나님의 나라 사이에는 넘을 수 없는 간격이 있다. 그 간격이 클수록 세상 나라에 대한 우리의 과제는 무거워지고, 그 간격이 작을수록 세상 나라에 대한 우리의 과제는 가벼워진다. 왜냐하면 우리에게는 그 간격을 최대한 줄여야 하는 과제가 부과되어 있기 때문이다. 그러므로 우리는 하나님의 나라를 궁극적으로 소망하는 가운데 지금 세상 나라에 하나님의 나라가 임하도록 기도해야할 뿐만 아니라, 세상 나라가 완성될 하나님의 나라에 실제 근접한 상태가 되도록 도전하고 가꾸는 노력을 감당해야 하는 것이다.

3) 우리는 세상 권세를 어떻게 대해야 하나?

　세상 권세는 스스로 자신의 권세를 추구하고, 그 권세에 의지하며, 다른 사람 위에 군림하려는 경향이 있다. 사무엘은 왕을 세워 달라는 이스라엘 백성들에게 왕이 어떤 권세를 휘두르게 될지에 대해서 세세하게 일러준 적이 있다. "너희를 다스릴 왕의 권한은 이러하다. 그는 너희의 아들들을 데려다가 그의 병거와 말을 다루는 일을 시키고, 병거 앞에서 달리게 할 것이다. 그는 너희의 아들들을 천부장과 오십부장으로 임명하기도 하고, 왕의 밭을 갈게도 하고, 곡식을 거두어들이게도 하고, 무기와 병거의 장비도 만들게 할 것이다. 그는 너희의 딸들을 데려다가, 향유도 만들게 하고 요리도 시키고 빵도 굽게 할 것이다. 그는 너희의 밭과 포도원과 올리브 밭에서 가장 좋은 것을 가져다가 왕의 신하들에게 줄 것이며, 너희가 거둔 곡식과 포도에서도 열에 하나를 거두어 왕의 관리들과 신하들에게 줄 것이다. 그는 너희의 남종들과 여종들과 가장 뛰어난 젊은이들과 나귀들을 끌어다가 왕의 일을 시킬 것이다. 그는 또 너희의 양 떼 가운데서 열에 하나를 거두어 갈 것

이며, 마침내 너희들까지 왕의 종이 될 것이다. 그 때에야
너희가 스스로 택한 왕 때문에 울부짖을 터이지만, 그 때
에 주께서는 너희의 기도에 응답하지 않으실 것이다"(삼
상 8:11-18). 지금도 세상 권세를 잡은 자들은 본질적으로
사무엘의 경고에서 그리 멀리 있지 않다.

그러나 구약성경은 세상 권세의 한계를 설정하기 위해
서 '하나님과 이스라엘 사이의 계약'과 '왕과 백성 사이의
계약'을 구분하고, '하나님과 이스라엘 사이의 계약'이 '왕
과 백성 사이의 계약'보다 우선하고 있음을 보여준다. 하
나님은 이스라엘을 사랑하셔서 왕을 세우셨지, 왕을 사랑
하셔서 이스라엘 백성을 왕의 종으로 내어주신 것이 아니
라는 것이다. 만일 왕이 이스라엘 백성을 섬기기 위한 권
세를 넘어서서 백성 위에 군림하고자 한다면, 이스라엘
백성은 하나님과 이스라엘 사이의 계약에 근거해서 왕의
명령을 거부하거나 그 왕을 대체할 수 있다는 것이다.

그러므로 우리가 사는 세상에서 권세라는 것은 분명
자기 한계를 지니고 있고, 우리는 세상 권세가 그 한계를

벗어날 때마다 초대교회 사도들처럼 "하나님의 말씀을 듣는 것보다 당신들의 말을 듣는 것이, 하나님 보시기에 옳은 일인가를 판단해 보십시오"(행 4:19)라는 입장을 견지해야 한다. 다시 말해 세상 권세는 하나님 앞에서 언제나 복종하는 권세가 되도록 해야 한다. 가이사의 권세는 하나님의 권세에 종속되어 있는 권세인데, 행여나 그러한 사실을 부정하는 세상 권세가 있다면, 우리는 그 세상 권세를 다시 부정해야 한다. 그러므로 세상의 진정한 권세는 사람을 지배하고 억압하며 파괴하는 힘이 아니라, 구원, 승리, 세움, 치유, 해방을 위해서 사용되는 힘이 되어야 한다. 그리고 세상의 권세는 권세에서 정의로, 정의에서 사랑으로 나아가는 것이 되어야 한다. 왜냐하면 정의가 없는 권세는 파괴적이고, 사랑이 없는 정의는 증오와 무자비함을 초래할 수 있기 때문이다.

4) 우리는 어떻게 하나님께 영광을 돌릴 수 있나?

높은 지위에 앉아서 다른 사람 위에 군림하는 것이 세상의 영광이다. 그러나 하나님의 영광은 십자가에 달린

자의 영광이고, 스스로 제물이 되는 사랑의 영광이다. 그러므로 우리는 부활의 영광과 십자가의 고난을 양자택일할 수 없고, 부활의 영광에 대한 소망으로 십자가의 고난에 기꺼이 나아가야 하고, 십자가의 고난을 거쳐야 부활의 영광에 이를 수 있음을 알아야 한다. 사도 바울은 우리에게 "여러분은 먹든지 마시든지, 무슨 일을 하든지, 모든 것을 하나님의 영광을 위하여 하십시오"(고전 10:31)라고 권면했다. 우리는 언제 어디서나 하나님과의 관계를 붙잡고, 무엇을 하든지 바로 그 관계 가운데서 실행해야 한다. 하나님은 모든 인간을 있는 그대로 사랑하시지만, 있는 그대로의 인간이 언제나 하나님을 기쁘시게 하는 것은 아니다. 그러므로 하나님께서 사랑하시고 기뻐하신 예수 그리스도처럼 우리의 삶으로써 하나님을 기쁘시게 하는 삶, 성령의 전으로서 구별된 삶을 살아야 한다. "여러분의 몸은 성령의 전입니다. 여러분은 하나님으로부터 성령을 받아서 여러분 안에 모시고 있습니다. 여러분은 여러분이 스스로의 것이 아니라는 것을 알지 못합니까? 하나님께서 값을 치르고 여러분을 사셨습니다. 그러니 여러분의 몸으로 하나님을 영화롭게 하십시오"(고전 6:19-20). 그

리할 때 하나님께서는 우리를 통해서 당신만의 영광을 거
두실 것이다.

11. 신앙의 아멘과 아멘의 삶

하늘에 계신 우리 아버지

아버지의 이름은 거룩하십니다.

왜 당신의 뜻이 하늘에서 이루어진 것 같이

땅에서는 이루어지지 않습니까?

왜 우리 모두에게 일용할 양식을 주시지 않습니까?

왜 우리 잘못을 용서해 주시지 않으십니까?

그래서 우리로 하여금 불평하게 하십니까?

왜 우리는 아직도 남을 미워하고 싶은 유혹에

굴복해야 합니까?

우리들의 아버지여, 하늘에 계시다면

우리들을 왜 이 악에서 구원하시지 않습니까?

우리가 '아멘'이라고 말하게 해주시지 않습니까?"

(마리아브지라 페레스트렐로익)

이 모든 계시를 증언하시는 분이 이렇게 말씀하셨습니다. '그렇다. 내가 곧 가겠다.' 아멘. 오십시오, 주 예수! 주 예수의 은혜가 모든 사람에게 있기를 빕니다. 아멘(계 22:20-21).

1) 우리는 언제 아멘을 하나?

우리는 공적인 기도를 하든 개인적인 기도를 하든 기도가 끝날 때에 아멘이라는 말로써 마감한다. 그러다 보니 우리는 '아멘'을 기도를 마치는 사인 정도로 이해하고, 지루하기 짝이 없는 기도가 드디어 끝났다는 안도감과 함께 아멘 할 때도 있다. 찬송가를 부를 때 마지막 절을 부르고 나서는 아멘 할 때가 종종 있다. 우리가 부르는 찬송가를 보면 어떤 찬송은 '아멘'을 하고, 어떤 찬송은 아멘을 하지 않는데, 영미의 공적인 찬송가로부터 도입된 찬송에는 대개 아멘을 붙이고, 복음성가로부터 비롯된 찬송에는 아멘을 붙이지 않는 전통이 있다고 한다. 그러나 어떤 복음성가는 작사자가 처음부터 아멘을 넣어서 작사하기 때문에 아멘을 붙이는 기준이 다소 모호해질 때도 있는 것이 현실이다.

또한 우리는 설교자가 선포하는 설교 메시지에 감동을
받으면, 아멘으로 응답하곤 한다. 마음속에서 우러나오는
감동받은 사람들의 자연스런 아멘은 매우 아름다워 보이
다. 그러나 설교자가 반 강제적으로 요구하는 아멘도 있
다. 결코 성서적이지도 않고, 신앙적인 감동도 없으며, 상
식적으로 말도 안 되는 내용을 말하면서, "믿으면 아멘하
십시오"라고 요구하는 설교자들을 보면, 보통 꼴불견이
아니라는 생각을 하고 있다. 이러한 꼴불견이 한국교계에
서 맹목적으로 연출되는 것은 아멘이 어떤 의미를 담고 있
는지를 잘 알지 못하고 있기 때문이다. 누구라도 무식하
면 용감하다고 한다. 이제 우리는 아멘이 어떤 의미를 담
고 있는지를 올바로 알고 제대로 사용해야 한다.

2) 성서 안에 사용되는 아멘의 의미는 무엇인가?

히브리어 아멘은 '진실하다, 신뢰할 만하다, 결실하다,
돌보다, 부양하다' 등의 의미를 담고 있다. 구약성경이든
(렘 26:8, 시 41:13, 72:19, 느 8:6) 신약성경이든(마 6:13, 롬
15:33, 유 1:25, 계 1:6) 기도를 끝마치거나 하나님을 찬양

할 때에 회중은 아멘으로 응답한다. 그리고 구약성경의
어떤 곳을 보면(민 5:22, 신 27:15ff, 느 5:13), 하나님 앞에
서 맹세를 할 때에 대개 아멘으로써 맹세의 내용을 확고히
하고 있다. 또한 구약성경에서는(사 65:16, 렘 11:5) 하나
님을 진리의 하나님, 진실 그 자체이신 아멘 하나님으로
묘사하기도 하고, 신약성경에서는(계 22:20) 진실하게 하
나님의 말씀을 가감 없이 증언하신 예수를 아멘의 주님으
로 묘사하기도 한다.

이처럼 성경에 기록된 아멘의 용례를 미루어 보면, 우
리가 기도할 때 사용하는 아멘은 크게 세 가지 의미를 담
고 있다고 말할 수 있다. 첫째는 진실하다는 의미이다. 기
도한 모든 내용은 하나님 앞에서 전혀 거짓됨 없이 진실하
게 표현되었다는 것이다. 둘째는 신뢰한다는 의미이다.
기도한 모든 내용에 대해 하나님께서 함께 해 주실 것을
믿고, 하나님을 전적으로 신뢰한다는 것이다. 셋째는 돌
본다는 의미이다. 기도한 모든 내용은 말로 하는 기도로
끝내는 것이 아니라 자신의 구체적인 삶으로 책임 있게 돌
보겠다는 것이다. 그러므로 우리는 아멘이라는 말이 기도

의 단순한 끝이 아니라 믿음과 행함, 은혜와 율법, 하나님
과 하나님의 자녀를 연결하는 고리이자 촉매임을 알 수가
있다.

3) 예수께서 아멘을 사용하신 이유는 무엇인가?

예수께서는 자신의 말씀을 하실 때(마 5:18, 5:26, 6:2,
요 1:51), 아멘으로 시작하실 때가 종종 있다. 예수께서는
하나님의 진리를 가감 없이 증거하신 분이다. 우리는 예
수를 통해서 깨어진 하나님의 형상을 회복하게 되고, 하
나님의 사랑과 정의 그리고 평화가 넘쳐나는 하나님의 나
라를 소망하게 된다. 예수께서는 당신이 진리 자체이신
분이다. 우리는 진리 되신 예수 안에 거하면 진리를 알게
되고, 진리 안에서 진정한 자유를 누릴 수 있게 된다(요
8:31-32). 또한 예수께서는 제자들에게 진리에 상응한 삶
을 요구하신 분이다. 그러므로 우리는 "너희는 '예' 할 때
에는 '예'라는 말만 하고, '아니오' 할 때에는 '아니오'라는
말만 하여라. 이보다 지나친 것은 악에서 나오는 것이다"
(마 5:37)라는 예수의 엄중한 말씀 앞에서 진지해야 한다.

에릭 프롬(Erich Fromm)은 그의 저서『혁명적 인간』이라는 책에서 인간을 네 가지 유형으로 구분한 바가 있다. 첫째는 권위주의적 인간이다. 강자에게 약하고, 약자에게 강한 사람이다. 둘째는 반항적 인간이다. 강자에게 비굴할 정도로 복종해보지만, 강자가 인정해주지 않을 때, 강자에 대해서 늘 불평하고 반대하는 사람이다. 셋째는 광신적 인간이다. 옳고 그름을 살피지 않고, 자신의 입장이나 신앙을 맹목적으로 고집하는 사람이다. 넷째는 혁명적 인간이다. 진리에 상응한 것은 '예'라고, 진리에 상응하지 않는 것은 '아니오'라고 말하는 사람이다. 에릭 프롬에 의하면, 예수는 혁명적 인간이다. 하나님의 궁극적인 뜻에 근거해서 자신의 삶을 규정하셨고, 하나님의 뜻을 왜곡하는 지도자들에 대해서 과감하게 '아니오'를 선언하셨던 분이시기 때문이다.

4) 우리는 어떻게 아멘의 삶을 살아야 하나?

우리가 하나님의 말씀이라고 고백하는 성경은 "태초에 하나님이 천지를 창조하셨다"(창 1:1)라는 첫마디로 시작해서 "주 예수의 은혜가 모든 사람에게 있기를 빕니다. 아멘"(계 22:21)이라는 말로 끝나고 있다. 바로 이러한 사실에서 아멘은 기독교 신앙을 이해하는 단초이자 완성이라고 말할 수 있다. 기독교 신앙은 천지를 창조하신 하나님에 대한 아멘의 신앙에서 출발한다. 하나님에 대한 아멘과 하나님 앞에서의 아멘이 없다면, 기독교 신앙은 성립할 수 없다. 그리고 기독교 신앙은 하나님께서 약속하신 새 하늘과 새 땅에 대한 소망으로 마감한다. 하나님이 보증하신 미래에 완성될 하나님의 나라에 대한 아멘은 기독교 신앙을 강화하고 유지하는 원동력이라고 말할 수 있다.

기독교 신앙은 처음도 아멘이고, 마지막도 아멘이며, 처음과 마지막 사이의 과정도 아멘이다. 기독교 신앙인들은 창조주 하나님과 독생자 예수 그리스도, 그리고 보혜사 성령에 대한 아멘으로 자신의 신앙을 출발하고, 하나님께서 약속하신 새 하늘과 새 땅에 대한 아멘으로 신앙의 궁극적인 방향을 설정하며, 예수의 가르치심에 대한 순종의 아멘으로 지금 여기에서 자신의 삶을 구성하는 것이다. 그렇다면 기독교 신앙인들은 어떻게 아멘의 삶을 살아야 하나? 첫째는 살아계신 하나님을 인정하고 언제 어디서나 하나님 앞에서(Coram Deo) 사는 것이다. 둘째는 예수 그리스도처럼 하나님의 뜻에 상응한 것은 언제나 예라고 순종하고, 하나님의 뜻을 거스르는 것은 언제나 아니오 하며 사는 것이다. 셋째는 예수 그리스도의 가르침의 정수(精髓)인 주님의 기도를 삶으로 실행하며 사는 것이다. 이렇게 기독교 신앙인들이 신앙의 아멘과 아멘의 신앙으로 살 때, 그들은 세상의 희망이 될 수 있을 것이다.

십계명과 주기도를 한 구절씩 묵상하며 그 의미를 세
세히 정리하면서, 필자 자신이 많은 깨달음을 얻을 수 있
었다. 이는 주님께서 필자에게 베풀어주신 특별한 은총이
었다고 고백한다.

주님의 특별한 은총으로 베풀어주신 작은 깨달음을 홀
로 간직할 수 없다는 절박감이 이 책을 쓰도록 했다. 오늘
한국교회와 한국의 기독교인들이 사회적으로 지탄의 대
상이 되고 있는 것은 십계명과 주기도를 바로 인식하지 못
하고, 그 내용대로 살지 못하고 있기 때문이라 여겨진다.

십계명과 주기도는 암송하는 것이 아니라 살아내야 하
는 것이다. 머리에 머무르도록 암기하는 것이 아니라 손
발로 표현해내야 하는 것이다. 십계명과 주기도는 예배
순서의 일부로 반영되는 데 머물지 않고, 우리 삶의 일부
로 체화되어야 하는 것이다.

우루과이의 어느 작은 성당 안에 기록되어 있다는 주님

의 기도에 대한 글을 통해 십계명이나 주기도의 내용과 달
리 살고 있는 우리의 현실을 철저히 반성할 것을 소망한다.

"하늘에 계신"이라고 하지 마라.

세상일에만 빠져 있으면서….

"우리"라고 하지 마라.

너 혼자만 생각하며 살아가면서….

"아버지"라고 하지 마라.

아들딸로 살지 않으면서….

"아버지의 이름이 거룩히 빛나시며" 하지 마라.

자기 이름을 빛내기 위해서 안간힘을 쓰면서….

"아버지의 나라가 오시며"라고 하지 마라.

물질 만능의 나라를 원하면서….

"아버지의 뜻이 하늘에서와 같이 땅에서도 이루어지소서"
라고 하지 마라.

내 뜻대로 되기를 기도하면서….

"오늘 저희에게 일용할 양식을 주시고"라고 하지 마라.

죽을 때까지 먹을 양식을 쌓아두려 하면서….

"저희에게 잘못한 이를 저희가 용서하듯이 저희 죄를 용서

하시고"라고 하지 마라.

누구에겐가 아직도 앙심을 품고 있으면서….

"저희를 유혹에 빠지지 말게 하시고"라고 하지 마라.

죄 지을 기회를 찾아다니면서….

"악에서 구하소서"라고 하지 마라.

악을 보고도 아무런 양심의 소리를 듣지 않으면서….

"아멘"이라고 하지 마라.

주님의 기도를 진정 나의 기도로 바치지 않으면서….

필자는 산책을 하거나 묵상기도의 마지막에 주기도로 마감하는 습관이 있다. 한 구절 한 구절을 씹듯이 새기다 보면, 그 감동이 몸 안으로 밀려들 뿐만 아니라, 그 날의 삶을 새롭게 결단하게 된다.

이 책이 비록 소책자이지만, 급하게 읽기보다는 천천히 묵상하며 읽고, 읽은 후에 또 다시 읽기를 권한다. 필자는 이 작은 소책자가 한국교회를 새롭게 하고, 모든 기독교인들의 삶의 방향을 새롭게 설정하는 일에 요긴하게 쓰임받기를 간절히 소망하면서 이 글을 마감한다.

참 고 문 헌

필자는 아래의 참고문헌들을 자구로 인용하기보다는 전체적인
흐름 가운데 녹여내고자 했다. 물론 필자의 신학적 지식과 사고
가 추가된 것은 사실이지만, 독자들도 필자가 참고한 책들을 읽
는다면, 필자의 소책자와는 다른 차원의 인식과 지평을 넓히는
데 도움을 받을 수 있을 것이다.

1. 십계명 참고문헌

김재진. 『웨스트민스터 소요리문답해설』 (서울: 대한기독교서회).

박준서. 『십계명 새로보기』 (서울: 한들출판사, 2001).

고르닉, 헤르베르트(ed.)/이정배 옮김. 『십계명의 현대적 이해』 (서울: 전망사,
1989).

바클레이, 윌리암/이희숙 역. 『오늘을 위한 십계명』 (서울: 컨콜디아사, 1993).

슐레징어, 로라. & 보젤, 스튜어트/홍윤주 역. 『십계명에서 배우는 인생』 (서울:
황금가지, 2000).

카이저, 월터/홍용표 역. 『구약성경윤리』 (서울: 생명의말씀사, 1997).

칼빈, 존/김종흡 외 3인 공역. 『기독교강요』(상) (서울: 생명의말씀사, 1996).

크뤼제만, 프랑크/이지영 역. 『자유의 보존, 사회사적 관점에서 본 십계명의 주
제』 (서울: 크리스천 헤럴드, 1999).

하이벨스, 빌/정지홍 옮김. 『살아 있는 하나님의 법』 (서울: 쉘만한물가, 2002).

휴스, 켄트/박경범 역. 『현대인을 위한 십계명 해설: 십계명』 (서울: 은성출판사,
1994).

Gardner, E. Clinton. *Biblical Faith and Social Ethics* (New York: Harper &

Brothers, 1960).

Harrelson, Walter. *The Ten Commandments and Human Rights* (Philadelphia: Fortress Press, 1980).

Wright, Christopher J. H. *Old Testament Ethics for the People of God* (Leicester: IVP, 2004).

2. 주기도 참고문헌

나채운. 『주기도, 사도신경, 축도』 (서울: 장로회신학대학출판부 1989).

이종윤. 『산상수훈』 (서울: 필그림출판사 2000).

임영수. 『주기도문 학교』 (서울: 홍성사 1999).

라가츠, L.. 『산상수훈』 (서울: 한국기독교장로회신학연구소 1994).

로호만, J. M.. 『기도와 정치』 (서울: 대한기독교서회 1995).

보프, L.. 『주의 기도』 (병천: 한국신학연구소 1986).

칼빈, 존/김종흡 외 3인 공역. 『기독교강요』 (상) (서울: 생명의말씀사, 1996).

크로산, J. D.. 『가장 위대한 기도』 (서울: 한국기독교연구소 2011).

하우어스, S. & 윌리몬, W.. 『주여 기도를 가르쳐주소서』 (서울: 복있는사람 2009).

3. 기타 참고문헌

조영래. 『전태일 평전』 (서울: 전태일기념사업회, 2009)

정종훈. 『생활신앙으로 살아가기』 (서울: 대한기독교서회, 2007)